LA REVOLUCIÓN DE LOS INTERCESORES

La revolución de los intercesores
© 2022

Datos de contacto del autor:
Correo electrónico: ansydessources@yahoo.com
Página Web: www.ansydessources.com

ISBN: 979-8-9862387-2-2

Publicado por:

Ansy Dessources

Tabla de contenidos

PRÓLOGO

El Corazón de un Intercesor

En estos últimos tiempos, es imperativo que el pueblo de Dios inicie una revolución piadosa que despierte el alma de la humanidad. Hay una gran necesidad de cambio en el cuerpo de Cristo que vaya, de estar apegado al mundo, hacia una conciencia mayor y más profunda del reino y de lo que Dios quiere hacer a través de cada uno de nosotros. A medida que nuestros corazones cambian y se armonizan más y más con los propósitos que tiene Dios, seremos capaces de impactar al mundo que nos rodea. Un componente clave de esta revolución consistirá en la intercesión: ¡Los intercesores del reino se tienen que levantar!

Interceder significa *intervenir* en favor de otro. A través de la intercesión, un creyente interviene y llena los vacíos (hace de puente) invitando a Dios a entrar en la vida de las familias, las comunidades, las naciones y las situaciones individuales. La intercesión ayuda a la reconciliación entre enemigos y puede evitar que ocurran cosas dañinas y peligrosas. También puede definirse como intermediación, negociación e intervención. En pocas palabras, intercesión es la acción de orar en nombre de otra persona o personas.[1]

La intercesión se necesita más que nunca y creyentes de todos los rincones del mundo deben reunirse a orar con todo corazón. Necesitamos una intercesión profética radical que transforme esta situación global que estamos viviendo en este momento; ya que la intercesión puede prevenir situaciones como la guerra, las crisis en las familias y la pobreza, entre otras muchas cosas.

¡Necesitamos Aprender a Interceder!

El propósito de este libro es ayudar a levantar intercesores en el cuerpo de Cristo. Queremos enseñarles a cómo someterse y que posición tomar para que Dios pueda convertirles en intercesores portadores de Su corazón. Vamos a conocer algunos intercesores clave y lo que podemos aprender de sus vidas y su experiencia.

Abraham

En Génesis 18:16-33, Abraham negocia con Dios por su sobrino Lot. Este es uno de los pasajes más utilizados para la intercesión. Aunque, como descubriremos, hay muchos detalles esenciales sobre la intercesión en esta historia que a menudo no son discutidos.

Moisés

En Éxodos 32:11-14 y en el Salmo 106:23 se comparte una historia similar en la que Moisés se interpone en la brecha por los hijos de Israel. Moisés es un gran ejemplo de intercesor porque intercedió por sus enemigos. Moisés le rogó a Dios por el faraón, el hombre que estaba esclavizando a su pueblo (Éxodos 8:8-31).

Samuel

También podemos aprender mucho de cómo Samuel intercedió por el pueblo de Israel (1 Samuel 3-8). Samuel podría haber tenido muchas excusas para no ser un buen intercesor, pero superó todas las dificultades y se convirtió en ejemplo de un intercesor *verdadero*. Samuel tuvo también una perspectiva muy importante sobre la intercesión, como se revela en 1 Samuel 12:23: *"En cuanto a mí, Que el Señor me libre de pecar contra él dejando de orar por ustedes. Yo seguiré enseñándoles el camino bueno y recto"*.

Jesús, el Gran Intercesor

Jesús es el intercesor perfecto porque su intercesión va más allá de la tumba. Actualmente continúa intercediendo por nosotros, incluso estando en el Cielo (Juan 17:20-23; Hebreos 7:23-26).

Cuando los Intercesores Oran de todo Corazón

Los intercesores son como las escobas o las aspiradoras que limpian la suciedad del hogar. Cuando una persona intercede a favor de un individuo, una familia, una comunidad, una ciudad, un condado, un estado, una nación y el mundo; Dios interviene purgando el mal y poniendo orden en estas situaciones. A través de las oraciones de intercesión, muchas vidas y situaciones son transformadas positivamente por el poder y la influencia de Dios.

El pecado ha creado una brecha entre Dios y el hombre. Cuando alguien intercede, se convierte en un puente que conecta el mundo con Dios. Como dijo San Agustín: *"Sin Dios, el hombre no es capaz de hacerlo, y sin el hombre, Dios no lo hará"*.

Los discípulos le pidieron una vez a Jesús que les enseñara a orar. Lucas 11:1 dice que mientras Jesús oraba, "...uno de sus discípulos le dijo: 'Señor, enséñanos a orar, como Juan enseñó a sus discípulos'". Él nos enseñará a interceder, como enseñó a Sus discípulos hace tanto tiempo. ¡Oremos!

INTRODUCCIÓN

He descubierto que muchos creyentes de hoy en día no tienen la menor idea de cómo interceder por los demás. He visto a muchos creyentes responder con críticas y juicios cuando sus propios hermanos y hermanas en Cristo comparten con ellos sus infortunios y/o fracasos. Lo que nuestro llamado realmente requiere de nosotros es que los cubramos, especialmente en oración. Alguien dijo una vez que la razón por la que Dios permite que las personas sepan acerca de los errores o debilidades de otras es para marcar la diferencia en la vida de esa persona.

En Jonás 3, leemos sobre la intercesión del rey de Nínive por su pueblo.

"Cuando el rey de Nínive se enteró del mensaje, se levantó de su trono, se quitó su manto real, hizo duelo y se cubrió de ceniza. Luego mandó que se pregonará en Nínive: «Por decreto del rey y de su corte:» Ninguna persona o animal, ni ganado lanar o vacuno, probará alimento alguno, ni tampoco pastará ni beberá agua. Al contrario, el rey ordena que toda persona, junto con sus animales, haga duelo y clame a Dios con todas sus fuerzas. Ordena así mismo que cada uno se convierta de su mal camino y de sus hechos violentos. ¡Quién sabe! Tal vez Dios cambie de parecer, y aplaque el ardor de su ira, y no perezcamos". Al ver Dios lo que hicieron, es decir, que se habían convertido de su mal camino, cambió de parecer y no llevó a cabo la destrucción que les había anunciado." (Jonás 3:6-10).

Al escuchar el juicio pronunciado por Dios sobre su ciudad, el rey de Nínive respondió haciendo que toda su nación se humillara e intercediera. Hizo que todos y todo, incluidos los animales de su tierra, ayunaran durante tres días. Dios escuchó su clamor y no destruyó a Nínive (Jonás 3:6-10).

Dios realmente escucha el corazón de los intercesores cuando están implorando por su causa ante Dios. Sin embargo, he notado a lo largo de los años, que incluso los intercesores son lentos para actuar y suplicar a Dios como lo hizo el rey de Nínive. Debido a esto, es permitido que cosas como el tráfico sexual, el racismo, las drogas, el odio, el alcoholismo, las pandillas, las guerras, el divorcio, la inmoralidad sexual, la pobreza y cosas de esta naturaleza continúen y crezcan en la tierra (1 Timoteo 2:1-4).

En lugar de orar, a menudo estamos demasiado ocupados sintiéndonos ofendidos como lo hizo Jonás. El profeta Jonás estaba molesto porque quería ver a Dios destruir a Nínive. Estaba demasiado ofendido por lo malvado que era el pueblo de Nínive como para celebrar el hecho de que Dios tenía un plan para restaurarlos (Jonás 4).

Los creyentes no deben permitir que la ofensa los distraiga de ser los sacerdotes que Dios les ha llamado a ser. Pedro afirma: "Pero ustedes son linaje escogido, real sacerdocio, nación santa, pueblo que pertenece a Dios, para que proclamen las obras maravillosas de aquel que los llamó de las tinieblas a su luz admirable" (1 Pedro 2:9). Como miembros del sacerdocio real, es nuestra responsabilidad ofrecer oraciones que ayuden a promover la voluntad de Dios en la tierra y hacer que otros salgan de las tinieblas para entrar en su maravillosa luz.

Dios no quiere destruir el mundo sino más bien restaurarlo. Por eso busca personas que se mantengan en la brecha.

> "Busqué entre ellos alguien que levantara un muro y se pusiera en pie en la brecha delante de Mí a favor de la tierra, para que Yo no la destruyera, pero no lo hallé. (Ezequiel 22:30 NBA)."

Dios está buscando intercesores que se postren en oración con un corazón lleno de pasión para luchar orando por individuos, familias, comunidades, ciudades, condados, estados, naciones y el mundo entero. Cuando las iglesias hacen reuniones de oración, ¡hagamos lo posible por asistir!

Levántate para Luchar por los Demás

Ustedes están orando por una generación que se enfrenta posiblemente al panorama cultural más difícil de la historia. El mundo entero está ahora mismo hibernando, espiritualmente hablando. Creo que una gran parte de esto se debe a la tecnología, que es, por un lado, una gran bendición, pero que también se ha convertido en una piedra de tropiezo.

Según un estudio, hecho con once mil personas, RescueTime descubrió que la gente pasa alrededor de tres horas y quince minutos al día en el teléfono. La mayoría de las personas consultan sus teléfonos unas cincuenta y ocho veces al día, y treinta de esas veces tienen lugar durante las horas de trabajo[2].

Está muy bien usar la tecnología y encontrar grandes oportunidades en ella, pero Dios ha de ser glorificado en todo lo que hacemos. Dios nos ha dado libertades y derechos, pero no por eso debemos concluir que podemos hacer todo lo que queramos, como si nuestras acciones no tuvieran consecuencias. Pablo ya desarrolló, detalladamente, este concepto de "libertades y derechos" cuando le explicó a la iglesia de Corinto que la base de tener derechos no significa que todo sea bueno de hacer, porque no debemos dejarnos dominar por nada.

"Todo me está permitido", pero no todo es para mi bien. "Todo me está permitido", pero no dejaré que nada me domine. (1 Corintios 6:12).

Los guerreros de la oración no pueden darse el lujo de distraerse con la tecnología. Estos guerreros deben levantarse para interceder por los que están perdidos y por los que están en un profundo sueño. Debemos buscar y salvar a los perdidos como lo hizo Jesús, y esto comienza, con nosotros, orando como lo hizo Jesús (Lucas 19:9-10; Hebreos 5:7).

Es responsabilidad del guerrero ponerse en la brecha para que la humanidad pueda ser conducida de nuevo al altar y prosperar al mismo tiempo. El mundo está al borde del precipicio de la profecía; los tiempos finales avanzan rápidamente. ¡La intercesión abrirá los ojos de mucha gente, cambiará los corazones y dará gloria a Dios!

CAPÍTULO 1

El Corazón de Dios

Cuando alguien tiene el deseo de crecer para llegar a ser un verdadero intercesor, esa persona debe, inevitablemente, responder a esta pregunta: *¿cómo es el corazón de Dios?* Un verdadero intercesor debe permanecer siempre en contacto con Dios y aprender a llevar Su corazón dentro de si.

Al dedicar tiempo orando sobre este tema, me sentí impulsado a estudiar el Arca de la Alianza. Observé cómo estaba diseñada, y a través de esto, el Espíritu Santo comenzó a revelarme diferentes aspectos del corazón de Dios.

Después de que Dios liberara a los israelitas de la esclavitud de los egipcios, los condujo al Monte Sinaí. Allí, le dio a Moisés instrucciones específicas sobre cómo construir el Arca de la Alianza y la Tienda de la Reunión. El Arca de la Alianza se construyó para transportar temporalmente la presencia de Dios, y la Tienda del Encuentro era el lugar donde los sacerdotes se reunían con Dios en ocasiones especiales en favor del pueblo de Israel (Éxodos 12-34, Levítico 16:29; Hebreos 5:1-5; Hebreos 9).

Podemos aprender mucho sobre el corazón de Dios si observamos de cerca lo que Él manda colocar dentro del Arca de la Alianza. La Biblia dice:

> "Para los dos extremos del propiciatorio hizo dos querubines de oro trabajado a martillo. Uno de ellos iba en uno de los extremos, y el otro iba en el otro extremo; los hizo de modo que en ambos extremos los dos querubines formaran una sola pieza con el propiciatorio. Los querubines tenían las alas extendidas por encima del propiciatorio, y con ellas lo cubrían. Quedaban el uno frente al otro, mirando hacia el propiciatorio. (Éxodo 37:7-9).

El propiciatorio que los dos querubines angélicos cubrían con su sombra mientras estaban uno frente al otro era la tapa del Arca de la Alianza, conocida como la Cubierta de la Expiación. Dentro del Arca estaban los Diez Mandamientos, una vasija de oro con maná dentro y la vara de Aarón que había brotado (Éxodo 16:34; Números 17:10; Hebreos 9:4). Cada uno de estos objetos pueden considerarse símbolos de la Deidad.

Los Diez Mandamientos están relacionados con Dios Padre, que nos da la Ley para revelar su estándar de justicia absoluta (Romanos 3:19-20). Estos fueron escritos por el dedo de Dios mismo dos veces en tablas de piedra, lo que indica su naturaleza eterna (Éxodo 31:18; Deuteronomio 9:10). La vara de Aarón que brotó y dio fruto sin haber sido plantada (Números 17:8), representa la obra del Espíritu Santo, que nos ayuda a dar fruto en nuestras vidas (Gálatas 5:22-23).

Además, sirvió como señal para los rebeldes (Números 17:10). Del mismo modo, el Espíritu Santo es una señal para el mundo de que están en rebelión y les convence de su pecado (Juan 16:8). Por último, el maná simboliza a Jesucristo, que es el verdadero pan que vino del cielo (Juan 6:50-52).

El propiciatorio cubre todos los elementos del Arca de la Alianza. Santiago dice: "Porque habrá juicio sin misericordia contra aquel que no hace misericordia. ¡La misericordia se gloría triunfante sobre el juicio!" (Santiago 2:13 RVA). La afirmación de que la misericordia triunfa o es victoriosa sobre el juicio implica que, si hubiera una batalla entre la misericordia y el juicio, la misericordia siempre prevalecería.

Dios diseñó el Arca de la Alianza de esa manera para revelar quién es Él: un Dios cuyo corazón está lleno de misericordia y que prefiere que el juicio nunca preceda a la misericordia. Cuando los sacerdotes o Moisés entraban en la Tienda de la Reunión, Dios se les aparecía, en una nube de gloria, sobre el propiciatorio entre los dos querubines, Moisés lo escuchaba hablar (Éxodo 25:22; Números 7:89; Isaías 37:16). Una vez al año durante Yom Kippur, el Día de la Expiación, el sumo sacerdote entraba en el Lugar Santísimo donde se guardaba el Arca de la Alianza e intercedía en nombre de los israelitas.

El sacerdote rociaba la sangre del sacrificio del cordero que había sido inmolado por los pecados de la nación de Israel sobre el propiciatorio. Esto prefiguró lo que Jesús haría cuando se convirtió en el rescate por nuestros pecados.

"Cristo, por el contrario, al presentarse como sumo sacerdote de los bienes definitivos en el tabernáculo más excelente y perfecto, no hecho por manos humanas (es decir, que no es de esta creación), entró una sola vez y para siempre en el Lugar Santísimo. No lo hizo con sangre de machos cabríos y becerros, sino con su propia sangre, logrando así un rescate eterno. La sangre de machos cabríos y de toros, y las cenizas de una novilla rociadas sobre personas impuras, las santifican de modo que quedan limpias por fuera. Si esto es así, ¡cuánto más la sangre de Cristo, quien por medio del Espíritu eterno se ofreció sin mancha a Dios, purificará nuestra conciencia de las obras que conducen a la muerte, a fin de que sirvamos al Dios viviente! (Hebreos 9:11-14).

Cuando Jesús murió, entró en la tienda perfecta (que es el Cielo) y su sangre fue rociada simbólicamente sobre el propiciatorio del trono de Dios Padre. Al sacrificarse desinteresadamente, Jesús apaciguó la ira de Dios hacia el mundo (1 Juan 2:1-3). Esto no significa que Dios no estaba lleno de misericordia antes de que viniera Jesús; en realidad, es evidente que estaba y está lleno de misericordia porque hizo esto después de soportar a la humanidad durante siglos.

David da fe a lo largo del Antiguo Testamento que Dios está lleno de misericordia, así como es amoroso y compasivo. Por lo tanto, cuando Jesucristo mostró a través de su vida la misericordia de Dios, Este manifestó lo que siempre había estado en el corazón de Dios. Pablo llama a esto el "misterio de Su voluntad", que quiere decir que Dios, desde la creación, siempre había deseado en su corazón que el mundo fuese restaurado (Efesios 1-6).

Cualquiera que se acerque a Dios y no se da cuenta de lo amoroso que es, significa que todavía no se ha acercado verdaderamente a Él. Porque esto es lo que dice la Biblia acerca de Dios:

"Queridos hermanos, amémonos los unos a los otros, porque el amor viene de Dios, y todo el que ama ha nacido de él y lo conoce. El que no ama no conoce a Dios, porque Dios es amor. Así manifestó Dios su amor entre nosotros: en que envió a su Hijo unigénito al mundo para que vivamos por medio de él. En esto consiste el amor: no en que nosotros hayamos amado a Dios, sino en que él nos amó y envió a su Hijo para que fuera ofrecido como sacrificio por el perdón de nuestros pecados. (1 Juan 4:7-10).

Juan aclara en este pasaje que es Dios quien ama al mundo, y gracias a Su amor por el mundo, envió a Su Hijo. ¡Jesús vino ante todo porque Dios amó al mundo y tuvo misericordia de el! Y si alguien no anda en este amor, no conoce a Dios, porque Dios es amor.

Para caminar en este amor del que habla Juan, debemos darnos cuenta de que en realidad el Arca de la Alianza no era la morada deseada por Dios. *Dios quería habitar en nuestros corazones.* Por eso, Dios habló a través de Jeremías y Ezequiel acerca de cómo un día Él grabaría su ley en nuestros corazones (Jeremías 31:33-34; Ezequiel 11:19; Ezequiel 36:26). La inscripción de la ley de Dios en nuestros corazones puede compararse con la inscripción de la ley de Dios en las tablas de piedra.

"Les daré un nuevo corazón, y les infundiré un espíritu nuevo; les quitaré ese corazón de piedra que

19

ahora tienen, y les pondré un corazón de carne. Infundiré mi Espíritu en ustedes, y haré que sigan mis preceptos y obedezcan mis leyes. (Ezequiel 36:26-27).

Cuando Jesús vino, trajo consigo el corazón nuevo, el espíritu y la ley escrita en nuestros corazones; lo que Dios había prometido a través de la profecía de Ezequiel.

Jesús dijo,

"Si ustedes me aman, obedecerán mis mandamientos. Y yo le pediré al Padre, y él les dará otro Consolador para que los acompañe siempre: el Espíritu de verdad, a quien el mundo no puede aceptar porque no lo ve ni lo conoce. Pero ustedes sí lo conocen, porque vive con ustedes y estará en ustedes… El que me ama, obedecerá mi palabra, y mi Padre lo amará, y haremos nuestra morada en ellos." (Juan 14:15-17; Juan 14:23).

En este pasaje puedes ver cómo Dios Padre, Dios Hijo y Dios Espíritu Santo -la Trinidad- hacen su morada en nosotros cuando elegimos obedecer los preceptos de Jesús. Específicamente, la Trinidad morará en nuestros corazones después de que le demos la bienvenida a Jesús en nuestras vidas. La morada de la Trinidad en nuestros corazones es equivalente a los Diez Mandamientos, a la vara de Aarón que reverdeció y al maná que se colocó en el Arca de la Alianza.

Pablo profundiza más en este concepto de que somos morada de Dios cuando dice: "¿Acaso no saben que su cuerpo es templo del Espíritu Santo, quien está en ustedes y al que han recibido de parte de Dios? Ustedes no son sus propios dueños; fueron comprados por un precio. Por tanto, honren con su cuerpo a Dios". (1 Corintios 6:19-20). Según Pablo, somos el templo de Dios. Así como el templo en el Antiguo Testamento albergaba el Arca de la Alianza, el cuerpo del creyente ahora se ha convertido en un hogar para el Espíritu de Dios.

El templo en el Antiguo Testamento tenía tres áreas específicas: los atrios exteriores, los atrios interiores y el Lugar Santísimo (1 Reyes 6:36; Jeremías 35:4; Jeremías 36:10; Ezequiel 8:16; 2 Crónicas 4:9). El Arca del Alianza se ubicaba en el Lugar Santísimo.

Asimismo, nuestros cuerpos también tienen tres partes. Pablo afirma, dirigiéndose a la iglesia en Tesalónica: "Que Dios mismo, el Dios de paz, los santifique por completo, y conserve todo su ser —espíritu, alma y cuerpo— irreprochable para la venida de nuestro Señor Jesucristo" (1 Tesalonicenses 5:23). En esta oración de despedida, Pablo menciona tres partes de nuestro cuerpo: espíritu, alma y cuerpo. Nuestros cuerpos simbolizarían los atrios exteriores, nuestras almas los atrios interiores, y nuestro espíritu (o corazón) el Lugar Santísimo, el lugar donde mora el Dios Trino.

Dado que nuestro corazón, cuando estamos en Cristo, es similar al Arca de la Alianza, la misericordia debe triunfar sobre el juicio en nosotros en cada área de nuestra vida, incluyendo cuando intercedemos por los demás. Está claro desde el Antiguo hasta el Nuevo Testamento que Dios es lento para la ira y rápido para perdonar nuestros pecados. Como dice David en el Salmo, "Pero tú, Señor, eres Dios clemente y compasivo, lento para la ira, y grande en amor y verdad" (Salmo 86:15).

Entonces, ¿cómo es el corazón de Dios? El corazón de Dios es amoroso, lleno de misericordia y lleno de compasión. Y nuestro amoroso Dios quiere que tengamos el mismo tipo de corazón.

Judas escribe: "A algunos que dudan, convencedlos. A otros salvad, arrebatándolos del fuego; y de otros tened misericordia con temor, aborreciendo aun la ropa contaminada por su carne." (Judas 1:22-23 RVR1960). Todo intercesor debe memorizar este versículo.

Cuando oramos por un mundo perdido, la oración debe fluir de un corazón misericordioso, un corazón como el de Dios.

CAPÍTULO 1 PREGUNTAS

1. Explica lo que significa conocer el corazón de Dios.

2. Nuestros cuerpos son _____ de Dios.

3. Según el autor, si hubiera una batalla entre la misericordia y el juicio, prevalecería _____.

4. Cuando oramos por un mundo en perdición, debemos tener un corazón _____.

5. ¿Qué puedes hacer para cultivar el corazón de Dios dentro de ti?

CAPÍTULO 2

La Voluntad de Dios Revelada

Además de portar consigo el corazón de Dios y aprender de él, los intercesores deben saber cuál es la voluntad de Dios y establecerla en sus corazones, especialmente en lo que se refiere a temas de importancia. Al hacerlo, un intercesor puede, potencialmente, ahorrar mucho tiempo y esfuerzo que a menudo se desperdicia al orar con incertidumbre.

Y ¿cómo podemos saber cuál es la voluntad de Dios? *A través de lo que Él ya ha revelado en Su Palabra.*

Por ejemplo, la gente sabe que Dios es amor y que ama a la gente. Sin embargo, cuando alguien se enferma y sufre, muchas veces, la gente le suplica a Dios que sane a esa persona con la esperanza de que Dios la va a sanar, pero no están realmente seguros si Él está dispuesto a hacerlo. Descubrí que, si bien las personas creen que Dios puede sanar, a menudo no creen que lo hará, a menos que "luchen" con Él en oración el tiempo suficiente para que Él finalmente mande la salud.

Cuando oras de esta manera, *aún hay incertidumbre con respecto al corazón de Dios* porque parte de conocer Su corazón es el conocer de Su Voluntad: ¿Qué es lo que ya ha revelado Dios con respecto a Su deseo para la humanidad? Como veremos en este capítulo, cuando se trata de sanación, Su deseo es que los seres humanos estén completos.

Cuando oras conociendo Su voluntad ya revelada, has establecido en tu corazón que la intención de Dios, por ejemplo, es que las personas estén bien. No tienes que vacilar o preguntarte si se supone que la persona debe sanarse o no. Puedes buscar apoyo en las promesas de Dios y le pides al Espíritu Santo sabiduría sobre cómo orar, pero no tienes que preocuparte de si Dios quiere curar o no a esa persona.

Ahora, obviamente, habrán situaciones en las que no estés seguro de cuál es Su voluntad, ¡y es normal! Por eso tenemos acceso a la mente de Dios a través del Espíritu de Dios (1 Corintios 2:11; Romanos 8:27). El Espíritu Santo conoce la perfecta voluntad del Padre, y cuando un intercesor ora en el Espíritu, Dios le da entendimiento y dirección sobre cómo orar.

En Juan 5:19 Jesús dice que sólo puede hacer "lo que ve hacer a su Padre" y que "todo lo que hace el Padre, también lo hace el Hijo". También, en Juan 4:34 Jesús dice que Él no vino a hacer Su voluntad, sino la voluntad del Padre. Por lo tanto, podemos concluir que todo lo que hizo Jesús en Su ministerio en la tierra **es la voluntad revelada de Dios para la humanidad**.

Entonces, ¿qué es lo que hizo Jesús que revela la voluntad de Dios? Veamos algunas cosas que son la voluntad de Dios, evidenciadas con la vida, el ministerio y las enseñanzas de Jesús, así como otros lugares a lo largo de la Escritura:

Sanación

Gran parte del ministerio de Jesús implicó sanaciones y es importante que un intercesor sepa que Dios realmente desea que seamos completos. De hecho, Él desea esto tanto que lo hizo disponible a través de la muerte y resurrección de Jesús.

En Isaías 53:4 leemos que: "Ciertamente él cargó con nuestras enfermedades y soportó nuestros dolores, en su cuerpo en la cruz". Esta profecía del Antiguo Testamento se convirtió en una realidad del Nuevo Testamento cuando Jesús comenzó a expulsar demonios de las personas y a sanarlas.

"Al atardecer, le llevaron muchos endemoniados, y con una sola palabra expulsó a los espíritus, y **sanó a todos los enfermos**. Esto sucedió para que se cumpliera lo dicho por el profeta Isaías: «Él cargó con nuestras enfermedades y soportó nuestros dolores»". (Mateo 8:16-18).

Hay muchos otros casos en los que Jesús libremente sanó a personas, revelando de una manera clara el deseo de Dios para sanar. Por lo tanto, cuando oramos o intercedemos por alguien que está enfermo, es importante que alineemos nuestro corazón con la verdad de que la voluntad de Dios es de sanar.

Prosperidad

Ser próspero es tener éxito, y el éxito no se limita solo al ámbito financiero. Dios quiere que prosperemos en todos los sentidos: mentalmente, emocionalmente, espiritualmente, relacionalmente, físicamente y sí, incluso financieramente.

Sin embargo, el cuerpo de Cristo suele estar bastante dividido sobre el tema de la prosperidad financiera. Muchos se burlan de la idea, argumentando que ser próspero es egoísta y no pertenece al orden divino. Muchos piensan que la pobreza es el camino a la verdadera santidad porque te obliga a estar en una posición en la que dependes de Dios.

Obviamente, hay quienes son excesivos e indulgentes con las finanzas, viven en el lujo y compran cosas de las que probablemente podrían prescindir. Por eso hay que ir a la Palabra de Dios, pues es nuestro gran término medio. Independientemente de cuál sea la perspectiva, *¿Cuál es la voluntad de Dios con respecto a la prosperidad?* Echémosle un vistazo a las Escrituras:

Deuteronomio 8:18
Recuerda al SEÑOR tu Dios, porque es él quien te da el poder para producir esa riqueza; así ha confirmado hoy el pacto que bajo juramento hizo con tus antepasados.

Jeremías 29:11
Porque yo sé muy bien los planes que tengo para ustedes — afirma el SEÑOR—, planes de bienestar y no de calamidad, a fin de darles un futuro y una esperanza.

Proverbios 10:22
La bendición del SEÑOR trae riquezas y nada se gana con preocuparse.

Salmo 1:1-3
Dichoso el hombre que no sigue el consejo de los malvados, ni se detiene en la senda de los pecadores ni cultiva la amistad

de los blasfemos, sino que en la ley del SEÑOR se deleita, y día y noche medita en ella. Es como el árbol plantado a la orilla de un río que, cuando llega su tiempo, da fruto y sus hojas jamás se marchitan. ¡Todo cuanto hace prospera!

Claramente, es la voluntad del Padre que prosperemos en todos los sentidos, y esto se realiza plenamente cuando nos sometemos a Él y nos abandonamos a la obra del Espíritu Santo en nuestros corazones.

En cuanto a la prosperidad financiera, es absolutamente la voluntad de Dios que, al menos, tengamos lo suficiente para nuestras necesidades, y aún más. Obviamente, no es su voluntad que hagamos ídolos a partir de las posesiones mundanas, pero cualquiera a quien el Señor haya hecho prosperar ciertamente sabe que la verdadera riqueza no está en el mundo, sino en el espíritu. Si bien es verdad que las riquezas terrenales nos benefician, son temporales, y deben someterse a la autoridad del Señor y administrarse con sabiduría.

La salvación y el Llenarse del Espíritu Santo

Es el deseo de Dios que todos los hombres sean salvos y experimenten la vida eterna. Si bien no todos experimentan esto, es el deseo de Dios, y esta debe ser siempre nuestra posición.

1 Timoteo 2:3-4

Esto es bueno y agradable a Dios nuestro Salvador, pues él quiere que todos sean salvos y lleguen a conocer la verdad. Él también desea que seamos llenos del Espíritu de Dios para poder caminar con poder en la tierra.

Hechos 1:8

Pero, cuando venga el Espíritu Santo sobre ustedes, recibirán poder y serán mis testigos tanto en Jerusalén como en toda Judea y Samaria, y hasta los confines de la tierra.

Lucas 11:13

"Pues, si ustedes, aun siendo malos, saben dar cosas buenas a sus hijos, ¡cuánto más el Padre celestial dará el Espíritu Santo a quienes se lo pidan!"

Sabiduría y Dirección

Dios no quiere que operemos tonta y ciegamente. Él desea que tengamos sabiduría y dirección para nuestras elecciones y acciones, y promete dárnoslas.

Santiago 1:5 declara que cuando necesitamos sabiduría, debemos buscarla del Señor y Él la suplirá generosamente. Dios puede darte sabiduría directamente a ti, o puede hacerte obtener la información que buscas de otras fuentes: leyendo tu Biblia, yendo a la iglesia, en podcasts, videos de YouTube, artículos, libros, personas, etc.

Proverbios 3:5-6
Confía en el SEÑOR de todo corazón, y no en tu propia inteligencia. Reconócelo en todos tus caminos, y él allanará tus sendas.

Santiago 1:5
Si a alguno de ustedes le falta sabiduría, pídasela a Dios, y él se la dará, pues Dios da a todos generosamente sin menospreciar a nadie.

Apartarse Completamente del Mal (Arrepentimiento)

Otro aspecto de la voluntad de Dios es que nos alejemos completamente del mal. Esto puede incluir renunciar a algunas cosas en nuestra vida y hacer liberación para ser completamente libres.

A menudo, las personas pueden pedirnos de interceder por ellas ante Dios, pero no quieren hacer los cambios necesarios en su vida. Es la voluntad de Dios que experimentemos la totalidad de su bendición a medida que nos alejamos de cualquier pecado en nuestras vidas y nos alineamos con su Palabra.

Mateo 5:3-4, énfasis mío:
Dichosos los pobres en espíritu, porque el reino de los cielos les pertenece. Dichosos los que lloran [por sus pecados], porque serán consolados.

2 Crónicas 7:14
si mi pueblo, que lleva mi nombre, se humilla y ora, y me busca y abandona su mala conducta, yo lo escucharé desde el cielo, perdonaré su pecado y restauraré su tierra.

Proverbios 3:7-8
No seas sabio en tu propia opinión; más bien, teme al SEÑOR y huye del mal. Esto infundirá salud a tu cuerpo y fortalecerá tu ser.

Percepción, Comprensión y Conocimiento

Igualmente, es la voluntad de Dios que operemos desde un lugar de conocimiento y entendimiento, y Él provee esto para sus hijos.

Proverbios 19:2

El afán sin conocimiento no vale nada; mucha yerra quien mucho corre.

Proverbios 4:5-7

Adquiere sabiduría, adquiere inteligencia; no olvides mis palabras ni te apartes de ellas. No abandones nunca a la sabiduría y ella te protegerá; ámala, y ella te cuidará. La sabiduría es lo primero. ¡Adquiere sabiduría! Por sobre todas las cosas, adquiere discernimiento.

Proverbios 2:6

Porque el SEÑOR da la sabiduría; conocimiento y ciencia brotan de sus labios.

Proverbios 18:15

El corazón prudente adquiere conocimiento; los oídos de los sabios procuran hallarlo.

Intervención Divina

Hay situaciones que van más allá del conocimiento, la sabiduría e incluso el arrepentimiento. Hay momentos en los que literalmente necesitamos que Dios intervenga y actúe a nuestro favor. La intervención sobrenatural es la voluntad del Padre. ¡Dios lo ha hecho antes, y lo hará de nuevo!

Éxodo 14:21-22

Moisés extendió su brazo sobre el mar, y toda la noche el SEÑOR envió sobre el mar un recio viento del este que lo hizo retroceder, convirtiéndolo en tierra seca. Las aguas del mar se dividieron, y los israelitas lo cruzaron sobre tierra seca. El mar era para ellos una muralla de agua a la derecha y otra a la izquierda.

Joshua 10:12-13

Ese día en que el SEÑOR entregó a los amorreos en manos de los israelitas, Josué le dijo al SEÑOR en presencia de todo el pueblo:

«Sol, detente en Gabaón, luna, párate sobre Ayalón». El sol se detuvo y la luna se paró hasta que Israel se vengó de sus adversarios. Esto está escrito en el libro de Jaser. Y, en efecto, el sol se detuvo en el cenit y no se movió de allí por casi un día entero.

Justicia

Dios no pasa por alto las malas acciones, especialmente cuando son hechas en contra del inocente. Él es el vengador de la viuda, del huérfano y del pobre, y aquellos que traten de aprovecharse de tales personas se encontrarán con la venganza del Señor.

Sin embargo, debemos recordar que toda venganza debe ser encomendada a Dios. No se nos puede confiar a nosotros la venganza porque a menudo no tenemos un corazón misericordioso.

Hebreos 10:30

Pues conocemos al que dijo: «Mía es la venganza; yo pagaré»; y también: «El Señor juzgará a su pueblo».

Oseas 12:6

Pero tú debes volverte a tu Dios, practicar el amor y la justicia y confiar siempre en él.

Romanos 12:19

No tomen venganza, hermanos míos, sino dejen el castigo en las manos de Dios, porque está escrito: «Mía es la venganza; yo pagaré», dice el Señor.

CAPÍTULO 2 PREGUNTAS

1   ¿Por qué es importante establecer en tu corazón cuál es la voluntad de Dios en aspectos importantes de tu vida?

2   ¿Cómo podemos determinar la voluntad de Dios revelada a la humanidad?

3   ¿Cuál es la voluntad de Dios revelada respecto   a la sanación?

4   ¿Cuál es la voluntad de Dios revelada con respecto a la prosperidad?

5   ¿Cómo debes orar si no estás seguro de cuál es la voluntad de Dios respecto a una situación?

CAPÍTULO 3

La Intercesión ¿Qué es Exactamente?

Vivimos en una época en la que hay falsos maestros por todas partes. Las iglesias se están dividiendo debido a cuestiones que van desde la postura de la iglesia sobre la política a si la homosexualidad es pecado o no. Igualmente, Timoteo también enfrentó confusión y falsos maestros durante los primeros tiempos de la iglesia.

El Apóstol Pablo, quien había plantado la iglesia que Timoteo estaba liderando, escuchó acerca de los falsos maestros a los que se enfrentaba Timoteo y le escribió una carta. En la carta, Pablo abordó diferentes temas que los falsos maestros estaban enseñando y le dio instrucciones a Timoteo sobre cómo dirigir la iglesia.

Una de estas instrucciones tenía que ver con la oración. Pablo le dice a Timoteo:

"Exhorto ante todo, a que se hagan rogativas, oraciones, peticiones y acciones de gracias, por todos los hombres; [2] por los reyes y por todos los que están en eminencia, para que vivamos quieta y reposadamente en toda piedad y honestidad. [3] Porque esto es bueno y agradable delante de Dios nuestro Salvador, [4] el cual quiere que todos los hombres sean salvos y vengan al conocimiento de la verdad. [5] Porque hay un solo Dios, y un solo mediador entre Dios y los hombres, Jesucristo hombre, [6] el cual se dio a sí mismo en rescate por todos, de lo cual se dio testimonio a su debido tiempo.".(1 Timoteo 2:1-6 RVR1960).

Pablo comienza el texto diciendo, *ante todo*. Esto quiere decir que lo que va a decir al principio debe tener preferencia. Y, *exhorta* a Timoteo. Esto es algo a lo que vale la pena prestar atención, porque cuando exhortas a alguien, estás tratando desesperadamente de que esta persona haga algo importante.

Pablo estaba incitando a Timoteo de que la oración debería tener preferencia. Pero Pablo no usa simplemente la palabra oración, sino que, elabora el concepto de oración dividiéndolo en cuatro categorías: súplicas, oraciones, intercesión y acción de gracias. Cada uno de estos tipos de oraciones tiene un propósito. Vamos a analizar cada una de ellas.

Las oraciones de súplica son oraciones en las que un individuo con confianza y humildad, de manera sincera, suplica a Dios por algo. Jesús oró estas oraciones de súplica mientras estuvo aquí en la tierra. El autor de la carta a los Hebreos afirma esto acerca de la vida de oración de Jesús: "En los días de su vida mortal, Jesús ofreció oraciones y súplicas con fuerte clamor y lágrimas al que podía salvarlo de la muerte, y fue escuchado por su reverente sumisión. (Hebreos 5:7).

Según el escritor de Hebreos, la vida de oración de Jesús fue intensa. Clamaba a Dios con lágrimas de desesperación, lo que significa que las oraciones que hacía no eran en silencio sino en voz alta. Esto plantea la pregunta: ¿debería nuestra vida de oración también estar llena de tales gritos desesperados a Dios? Yo opino que sí. Debemos caminar como Jesús caminó (1 Juan 2:6).

Después de las súplicas, Pablo habla de *oraciones*. Con respecto a esto, el escritor de Hebreos afirma que Jesús ofreció oraciones y súplicas. Cuando habla de oraciones, puede estar indicando diferentes tipos de oraciones, o simplemente una multitud de ellas. En griego, la palabra orar es proseúxomai. La palabra proseúxomai significa desear o intercambiar deseos. Esto conlleva la idea de *interactuar con* el Señor al intercambiar deseos *humanos* (ideas) por *Sus deseos* mientras que Él imparte fe (*persuasión* divina)[3].

Entonces, la oración es un intercambio divino: estamos tomando ideas que pueden estar corrompidas por la carne y las intercambiamos por los deseos de Dios. El intercambio de deseos no es necesariamente una súplica, intercesión o acción de gracias[4]. Por lo tanto, debe clasificarse por separado, tal como lo hace Pablo.

Antes de hablar de la intercesión, hablemos de la acción de gracias. En el Evangelio de Lucas, hay una historia donde Jesús envía a sus discípulos a predicar al pueblo de Israel. A su regreso, los discípulos estaban muy emocionados porque pudieron expulsar demonios de las personas, en el nombre de Jesús. Aunque Jesús estaba encantado con su victoria, también les pidió tener precaución.

Jesús no quería que los discípulos se enfocaran solo en el mundo de los endemoniados. Es peligroso para una persona creer que tener una mente celestial es pensar constantemente en el maligno. Jesús se aseguró que entendieran que, aunque el hecho de expulsar demonios de alguien sea bueno, esto no debe ser la fuente de su alegría. "Sin embargo, no se alegren de que puedan someter a los espíritus, sino alégrense de que sus nombres están escritos en el cielo" (Lucas 10:20).

La alegría que surge de lo que haces es fugaz y de corta duración. El verdadero gozo debe fluir de quién eres en Dios. Por lo tanto, el gozo que tiene un discípulo de Jesús siempre debe provenir del hecho de que ellos/as son hijos e hijas de Dios.

Mientras conversaba con sus discípulos, Jesús proclamó acción de gracias a Dios. Él "se regocijó en el Espíritu Santo" y dijo:

> "«Te alabo, Padre, Señor del cielo y de la tierra, porque habiendo escondido estas cosas de los sabios e instruidos, se las has revelado a los que son como niños. Sí, Padre, porque esa fue tu buena voluntad.» Mi Padre me ha entregado todas las cosas. Nadie sabe quién es el Hijo, sino el Padre, y nadie sabe quién es el Padre, sino el Hijo y aquel a quien el Hijo quiera revelárselo»". (Lucas 10:21-22).

La acción de gracias de Jesús a Dios Padre fue en respuesta a la conversación Evangélica que tuvo con los discípulos. Realmente, la Biblia dice, *en aquella hora*. En nuestra traducción, podría significar en ese mismo momento, justo cuando les estaba hablando, que comenzó a dar gracias a Dios. Esto no era una súplica, ni le estaba pidiendo a Dios que hiciera algo. No hubo intercesión, Él no estaba orando por alguien, y no hubo intercambio de deseos. Simplemente estaba celebrando quién era Dios y lo que Dios había hecho.

Esto es exactamente lo que son las oraciones de acción de gracias: oraciones que celebran a Dios por lo que Él es y lo que Él hace. Cuando digas este tipo de oraciones, la alegría llenará tu corazón. Un creyente maduro viene a Dios primero con un corazón lleno de acción de gracias, y entra en los atrios del reino de Dios con alabanzas (Salmo 100).

Por último, hay oraciones de intercesión. Como todas las otras oraciones, Jesús también oró estas, y aún ora, oraciones de intercesión.

Durante sus últimas horas en la tierra, Jesús oró:

"No ruego solo por estos. Ruego también por los que han de creer en mí por el mensaje de ellos, para que todos sean uno. Padre, así como tú estás en mí y yo en ti, permite que ellos también estén en nosotros, para que el mundo crea que tú me has enviado. Yo les he dado la gloria que me diste, para que sean uno, así como nosotros somos uno: yo en ellos y tú en mí. Permite que alcancen la perfección en la unidad, y así el mundo reconozca que tú me enviaste y que los has amado a ellos tal como me has amado a mí. Padre, quiero que los que me has dado estén conmigo donde yo estoy. Que vean mi gloria, la gloria que me has dado porque me amaste desde antes de la creación del mundo. Padre justo, aunque el mundo no te conoce, yo sí te conozco, y estos reconocen que tú me enviaste. Yo les he dado a conocer quién eres, y seguiré haciéndolo, para que el amor con que me has amado esté en ellos, y yo mismo esté en ellos". (Juan 17:20-26).

Justo antes de ser crucificado Jesús estaba intercediendo por otros. Esta es una buena lección para nosotros: cuando estamos pasando por un momento difícil, aun así, debemos orar por los demás. Jesús intercedió por aquellos que Dios había puesto bajo su cuidado y por aquellos que, algún día, en el futuro, responderían al Evangelio (Juan 17:20).

Tú y yo formamos parte de la familia de Dios porque Jesús oró por nosotros hace 2000 años. Las oraciones de intercesión pueden cambiar generaciones. ¡Ya es hora de que surjan intercesores!

El pilar de estas cuatro oraciones ha de ser Dios. Nos tenemos que centrar en reflejar Su corazón. Como escribe Pablo: "Esto es bueno y agradable a Dios nuestro Salvador, pues él quiere que todos sean salvos y lleguen a conocer la verdad". (1 Timoteo 2:3-4).

El deseo de orar no es innato en nosotros, pero puede crecer en nosotros a medida que pasamos tiempo en intimidad con Jesús. Dios es quien desea que todas las personas se salven, por lo que la oración cumple su deseo de restauración, no el nuestro. Por lo tanto, a medida que nuestros corazones crezcan para reflejar el corazón de Dios, desearemos orar de manera correcta.

CAPÍTULO 3 PREGUNTAS

1. ¿Qué fue lo más importante que Pablo exhortó a Timoteo que hiciera con respecto a cómo debía liderar la iglesia?

2. ¿Qué es la oración de súplica y en qué situación la usarías?

3. La oración es un_____ _____: estás tomando ideas que pueden estar corrompidas por la carne y cambiándolas por los deseos de Dios.

4. Un creyente debe acudir a Dios primero con oraciones de_____.

5. ¿Cuál debe ser nuestra respuesta cuando estamos pasando por un momento difícil?

CAPÍTULO 4

Siete Cualidades de un Intercesor

Hay siete características que muestran que alguien es intercesor o que tiene el potencial para convertirse en intercesor. Estas siete características son: amor, perdón, pasión, compasión, discernimiento, conocimiento y dedicación a la oración. Cuando un individuo muestra estas características, es fácil saber que tiene el potencial para convertirse en un intercesor o que ya es uno.

La primera característica importante es el amor. La Biblia dice,

> "Si alguien afirma: «Yo amo a Dios», pero odia a su hermano, es un mentiroso; pues el que no ama a su hermano, a quien ha visto, no puede amar a Dios, a quien no ha visto. Y él nos ha dado este mandamiento: el que ama a Dios, ame también a su hermano". (1 Juan 4:20-21).

Amar a Dios y amar a los demás son sinónimos, y una persona no puede interceder verdaderamente por los demás a menos que entienda esto.

Es importante entender que este tipo de amor del que habla Juan no es natural. La palabra amor, en este contexto, en griego, es *agapé que* significa "amor incondicional". Nadie puede amar a otra persona incondicionalmente sin la ayuda del Espíritu Santo.

Teniendo esto en cuenta, necesitamos entender que este tipo de amor es impartido en nuestros corazones por el Espíritu Santo mientras lo buscamos. Nuestro trabajo, por lo tanto, es admitir que no tenemos este amor y estar dispuestos a pedírselo a Dios.

La siguiente cualidad que ayuda a definir a un intercesor es el perdón. Como acabamos de leer en la 1ª carta de Juan, no podemos odiar al hermano o hermana y decir que amamos a Dios. Un corazón que no perdona es un corazón vulnerable al odio.

Si hubiese alguien que tuviera derecho a no perdonar, ese habría sido Jesús. Pero en la cruz, eligió liberarnos diciendo: "Padre... perdónalos, porque no saben lo que hacen..." (Lucas 23:34). ¡Aun mientras estaba sangrando en la cruz intercedía por todos nosotros!

Este es el ejemplo que los cristianos deben seguir. Hablando bíblicamente, el perdón no es algo opcional. Jesús lo expresa así: "…" porque si perdonan a otros sus ofensas, también los perdonará a ustedes su Padre celestial. Pero, si no perdonan a otros sus ofensas, tampoco su Padre les perdonará a ustedes las suyas". (Mateo 6:14-15).

Lo siguiente es que, un intercesor debe ser apasionado. En las Escrituras leemos esto acerca de la pasión, "Nunca dejen de ser diligentes; antes bien, sirvan al Señor con el fervor que da el Espíritu" (Romanos 12:11). La palabra *diligente* y *fervor* son sinónimos de la palabra pasión. Lo que Pablo está diciendo en este texto es que mientras trabajamos para el Señor, debemos estar entusiasmados con nuestro servicio.

La pasión persuade a la acción. Es difícil para alguien que arde en celo que no sea auténtico. Los intercesores deben ser propensos para la acción y genuinos en su caminar espiritual con el Señor.

Siguiendo a la pasión, un intercesor debe tener compasión. A veces, la compasión puede confundirse con el amor. Sin embargo, el amor es un sentimiento profundo de afecto y conexión con un individuo, mientras que la compasión es una empatía entrañable que hace que te preocupes por los sufrimientos o las desgracias de los demás[5]. La compasión no es solo pensar en las desgracias de alguien; es una preocupación profunda que viene de tu interior [6].

Jesús se sintió movido en muchas ocasiones por la compasión (Isaías 40:11; Isaías 42:3; Isaías 63:9; Lucas 7:13; Mateo 11:28-30; Mateo 14:14; Hebreos 2:17). Uno de los versículos más cortos de las Escrituras es Juan 11:35 y simplemente dice: "Y Jesús lloró". En contexto, Jesús estaba llorando después de que su amigo Lázaro había fallecido.

Jesús no lloró porque Lázaro murió, sino porque sintió una profunda lástima y simpatía por la humanidad. El ver a Marta y a María llorando, le tocó el corazón. Inmediatamente después de este momento Jesús oró a su Padre, llamó a Lázaro fuera de la tumba, y Lázaro resucitó (Juan 11:35-44).

Como Jesús, cada intercesor debe estar lleno de compasión. La forma de adquirir este tipo de compasión, según las Escrituras, es revistiéndola con fe. En Colosenses 3:12 (DHH941), la Biblia dice que nos vistamos: "de sentimientos de compasión, bondad, humildad, mansedumbre y paciencia".

Además, los intercesores también deben estar equipados con discernimiento. El escritor de Hebreos dice esto acerca del discernimiento,

"Debiendo ser ya maestros por el tiempo transcurrido, de nuevo tienen necesidad de que alguien los instruya desde los primeros rudimentos de las palabras de Dios. Han llegado a tener necesidad de leche y no de alimento sólido. Pues todo el que se alimenta de leche no es capaz de entender la palabra de la justicia, porque aún es niño. Pero el alimento sólido es para los maduros; para los que, por la práctica, tienen los sentidos entrenados para discernir entre el bien y el mal". (Hebreos 5:12-14 RVA-2015).

El escritor de la epístola a los Hebreos está reprendiendo suavemente a los creyentes a los que está amonestando. Les está explicando que los cristianos deben crecer y madurar, y que parte de esta madurez incluye la capacidad de discernir.

El discernimiento se forma a medida que practicas constantemente cómo distinguir entre el bien y el mal. Este discernimiento es diferente del don de discernimiento de espíritus, que es un don del Espíritu Santo que no requiere madurez. Aquellos que son usados con el don de discernimiento de espíritus aún deben de crecer en él, pero será más fácil para ellos fluir en este don ya que les es otorgado por el Espíritu Santo.

El entrenamiento y la práctica se llevan a cabo mientras participamos en las cosas de Dios, como leer nuestra Biblia, dar testimonio, orar, estar en comunión con otros creyentes y escuchar la sana doctrina. Un intercesor maduro tendrá sus poderes de discernimiento curtidos y podrá distinguir entre lo correcto y lo incorrecto.

Además del discernimiento, es importante que cada intercesor tenga conocimiento. La Biblia dice que el pueblo de Dios es destruido por falta de conocimiento, y que, por haber rechazado el conocimiento, Dios también los rechazará como sus sacerdotes, "...ya que te olvidaste de la ley de tu Dios, yo también me olvidaré de tus hijos. (Oseas 4:6). Dios estaba hablando a través del profeta Oseas en este pasaje y está reprendiendo a los Israelitas que cometieron apostasía.

Dios dice que, porque habían rechazado el conocimiento, Él también los rechazó como sacerdotes. Uno de los trabajos del sacerdote era interceder por el pueblo de Israel. Por lo tanto, su rechazo al conocimiento los despojó de su capacidad de interceder y los alejó de Dios.

La palabra conocimiento en hebreo es *daath,* que significa conocimiento de Dios y está conectado con la obediencia[7]. Pedro también usó esta palabra cuando habló de las ocho virtudes que todo creyente debe poseer si quiere ser fructífero (2 Pedro 1:5-7). Daath no se refiere al conocimiento académico, sino al conocimiento teológico que busca sinceramente entender quién es Dios.

Si un intercesor rechaza este conocimiento, será ineficaz en el reino de Dios. Los intercesores deben conocer el corazón de Dios, y para conocer el corazón de Dios, uno debe verdaderamente estudiar a Dios. No para ganar conocimiento intelectual, sino para entender quién es Dios.

Por último, pero no menos importante, todos los intercesores o aquellos que aspiran a ser intercesores deben orar. Por oración no me refiero a que deben pasar incontables horas orando, sino que deben desear pasar tiempo de calidad con Dios. Pueden ser cinco minutos o siete horas, eso debe ser determinado por el impulso del Espíritu.

Como Salomón dice:

> "Cuando vayas a la casa de Dios, cuida tus pasos y acércate a escuchar en vez de ofrecer sacrificio de necios, que ni conciencia tienen de que hacen mal. No te apresures, ni con la boca ni con la mente, a proferir ante Dios palabra alguna él está en el cielo y tú estás en la tierra. Mide, pues, tus palabras. (Eclesiástico 5:1-2).

De hecho, a veces Jesús pasó la noche en oración y es probable que a veces seamos guiados a hacer lo mismo. Sin embargo, nuestra relación con Dios no debe ser dictada por el número de palabras que le digamos.

A veces es durante el silencio donde mostramos nuestra dependencia en Dios. Hay momentos en que tendremos que estar quietos y saber que Dios es Dios y que Él será exaltado (Salmo 46:10). ¿Deberíamos anhelar pasar más tiempo con Dios? ¡Sí! Pero ¿pasar mucho tiempo en oración significa que conocemos a Dios? No necesariamente. Por eso es importante que los intercesores *busquen realmente conocer a Dios*.

CAPÍTULO 4 PREGUNTAS

1. Una persona no puede realmente interceder por los demás a menos que en tienda ¿Qué?

2. Ningún hombre puede amar a otro incondicionalmente sin ¿qué?

3. ¿Cuál es la diferencia entre el amor y la compasión? ¿Cómo se adquiere compasión?

4. Según el autor, ¿cómo desarrollamos el discernimiento?

5. ¿Cómo se relaciona el conocimiento con la obediencia?

CAPÍTULO 5

El Comienzo de mi Caminar como Intercesor

En febrero de 1993, después de entregar mi vida a Cristo, me encontré en medio de una gran batalla mental y espiritual. Pensaba en mi padre y en la relación tan difícil que tuve con él, y en cómo los espíritus que habían entrado en mi vida a través de un sacerdote vudú querían hacerme volver. También tenía amigos que no tenían ningún interés en ser mis amigos. No hace falta decir que estaba en un lugar difícil mental, emocional y espiritual.

Visité una iglesia con mi amigo Alex. Aunque la iglesia era bonita, sentí que esa iglesia no podía ayudarme de la manera que yo lo necesitaba. Por eso, le dije a Alex que necesitaba encontrar una iglesia que pudiera ayudarme a pelear la batalla que estaba enfrentando, así que mi otro amigo, Gerald, me llevó a otra iglesia un miércoles por la mañana. Tan pronto como llegué allí, sentí la presencia de Dios y tuve ganas de orar. Pasamos tiempo allí, orando, y fue entonces cuando mi vida de oración nació.

Cuando volví a casa, comencé a leer el libro de los Hechos y, mientras leía, tuve una visión. En un día claro, vi a alguien con una túnica larga que se paró frente a mí. Él me dijo: "Necesito que vayas y hagas como los apóstoles". Me llamó repetidamente por mi nombre, Ansy. Aunque yo estaba muy asustado porque nunca había tenido una visión como esta.

Pero alguien me dijo que era Dios quien me estaba hablando y tenía que ver con mi llamado. Después de esta experiencia, hablé con mis amigos sobre nuestra vida de oración. Sentí que necesitábamos comenzar a interceder por nuestro pueblo. El deseo de intercesión comenzó a surgir en mí, y cuanto más tiempo pasaba intercediendo, mi hambre de intercesión crecía aún más.

Durante esta época de mi vida, ayudé a guiar a muchos hombres y mujeres jóvenes a Cristo. A algunos de ellos los dirigí personalmente, y otros vinieron a la iglesia conmigo y entregaron allí sus vidas a Cristo. A través de nuestra intercesión, comenzó un gran movimiento espiritual que dio a luz a muchos otros guerreros espirituales.

Había un brujo, que se llamaba Morris, el cual solía tener una ceremonia vudú dos veces al año en nuestro vecindario. La gente venía de todas partes para asistir a esa ceremonia. Pero un día llamé a Alex y Gerald y les dije, "Si oramos, podremos detener este ritual vudú en el pueblo".

Estuvieron de acuerdo conmigo. La casa de Alex estaba al lado de la casa del sacerdote vudú, así que Gerald y yo llegamos a su casa temprano en la mañana, antes de la danza vudú, después de haber ayunado todo el día.

La ceremonia vudú comenzó por la mañana con una adoración satánica y otros rituales de sacrificio. Hicimos oraciones de intercesión y la presencia del Espíritu Santo vino sobre la casa de Alex. Le pedimos a Dios que detuviera todo tránsito de espíritus demoníacos en el área en el nombre de Jesús.

¡Funcionó! La ceremonia entera se detuvo porque los espíritus que intentaban conjurar nunca pudieron manifestarse. El sacerdote vudú estaba tan enojado que llegó frente a la casa de Alex y comenzó a gritar mi nombre. "Ansy, ven aquí afuera, porque estás impidiendo que haga mi ritual".

Volvió a llamarme por segunda vez. La gente tenía miedo de que yo saliera. Él tenía en la mano un machete y un pañuelo morado al cuello.

Abrí la puerta y respetuosamente le pregunté si estaba bien. Me dijo: "Detuviste mi ceremonia".

"Yo no hice nada contra ti," le respondí. "¿Qué te hace decir eso?"

El me respondió, "Estabas orando a tu Jesús e hiciste que todo se detuviera". En ese momento, comencé a tener más confianza en la intercesión porque me di cuenta de que mis oraciones en realidad habían detenido una ceremonia vudú. Luego puso una piedra en fuego y la gente pensó que estaba haciendo algo espiritual para echarme una maldición.

Debido a que el sacerdote vudú no pudo convocar a los espíritus malignos, la ceremonia no pudo llevarse a cabo y todos se fueron. A la mañana siguiente, el sacerdote vudú se me acercó y me dijo "Puedo ver el poder que hay en ustedes, pero tienen que dejarme en paz".

Le dije, "Simplemente estábamos orando. No te estábamos molestando en absoluto".

"Hago esto no porque no sé qué no es bueno, sino porque es así como mantengo a mi familia". El contesto.

"Dios podría darte instrucciones para proveer por tu familia de la manera correcta" contrarresté.

Luego dijo, "Algún día me uniré a ustedes". Desafortunadamente, falleció sin dar su vida a Cristo. Sus hijos, en cambio, entregaron su vida a Cristo y rehusaron servir a esos malos espíritus. También quemaron todos los artefactos de vudú.

Un día, cuando ya vivía en Estados Unidos, su hija me llamó y me dijo:

"Ansy, le di mi vida a Cristo. Incluso me deshice de todo lo que hacía mi papá. Lo supe desde el día en que estabas orando para que el poder de Dios detuviera todo lo que mi padre estaba haciendo. Me quedé muy confundida, porque pensaba que mi padre era un hombre muy poderoso hasta ese día. Por eso tomé la decisión de hacer una transición total del mundo oscuro para aceptar a Jesucristo como mi salvador personal. La forma en que Dios te usó ese día permanecerá para siempre en mi mente. No tuve el valor de decirle a mi padre lo que estaba pensando sobre el ritual vudú que solíamos hacer dos veces al año. Pero sabía que ya no creía en él haciendo esas cosas. Esa es la razón por la que entregué mi vida a Cristo. Muchas gracias por permitir que Dios te usara, para que mis ojos se abrieran tanto como para alejarme del mundo de la oscuridad".

Después de escuchar su testimonio, me sentí muy bien por dentro. No tenía ni idea, hasta que ella compartió su testimonio, de cómo Dios había usado nuestra intercesión para salvar su vida. Ella tampoco fue la única que Dios liberó durante esos años, porque nuestra intercesión provocó un despertar. La gente empezó a respetarnos mucho y comenzamos una reunión de oración una vez al mes de 6 am a 6 pm. Todos empezaron a acudir a mí para que los ayudara a resolver sus problemas, incluso buscando sanación. Esto terminó convirtiéndose en una cruzada anual que duró unos 6-7 años.

La gente comenzó a orar como nunca antes y comenzaron a interceder unos por otros. Como resultado, empezamos a ver señales y prodigios por primera vez. Se produjo un avivamiento y la gente me llamaba de diestra a siniestra para predicar, orar por los enfermos y expulsar los espíritus demoníacos de la gente.

CAPÍTULO 5 PREGUNTAS

1. A través de su encuentro con el sacerdote vudú, ¿qué comprendió el autor sobre el poder de la intercesión?

2. La oración tiene el poder de hacer que ocurran prodigios en la tierra. Comenta sobre alguna ocasión en la que hayas sido testigo de cosas que acontecieron en tu vida o en la de otra persona como respuesta a tus oraciones.

CAPÍTULO 6

Testimonio de intercesión: librado de la prisión

La intercesión puede sacar a la gente de la prisión. En el libro de los Hechos, leemos cómo el rey Herodes encarceló a Pedro. Este encarcelamiento no era temporal, porque el rey Herodes planeaba decapitar a Pedro para complacer a la gente.

Pero la Biblia nos dice:

"Pero, mientras mantenían a Pedro en la cárcel, la iglesia oraba constante y fervientemente a Dios por él. La misma noche en que Herodes estaba a punto de sacar a Pedro para someterlo a juicio, este dormía entre dos soldados, sujeto con dos cadenas. Unos guardias vigilaban la entrada de la cárcel. De repente apareció un ángel del Señor y una luz resplandeció en la celda. Despertó a Pedro con unas palmadas en el costado y le dijo: «¡Date prisa, levántate!» Las cadenas cayeron de las manos de Pedro. Le dijo además el ángel: «Vístete y cálzate las sandalias». Así lo hizo, y el ángel añadió: «Échate la capa encima y sígueme». Pedro salió tras él, pero no sabía si realmente estaba sucediendo lo que el ángel hacía. Le parecía que se trataba de una visión. Pasaron por la primera y la segunda guardia, y llegaron al portón de hierro que daba a la ciudad. El portón se les abrió por sí solo, y salieron. Caminaron unas cuadras, y de repente el ángel lo dejó solo. Entonces Pedro volvió en sí y se dijo: «Ahora estoy completamente seguro de que el Señor ha enviado a su ángel para librarme del poder de Herodes y de todo lo que el pueblo judío esperaba»". (Hechos 12:5-11) .

En respuesta al encarcelamiento de Pedro, la iglesia oró con pasión, celo y fervor, ardiendo de angustia para que fuera liberado. No solo dijeron una simple oración, sino que intercedieron intencionalmente y con un propósito. El texto no dice que solo unas pocas personas intercedieran, sino que la *iglesia* lo hizo, lo que significa que fue un frente unido.

Mientras oraban fervientemente, Dios los escuchó y envió un ángel para sacar a Pedro de la prisión. Después de que el ángel le dio unas palmadas a Pedro en el costado y le dijo que se levantara, las cadenas se le cayeron de las muñecas. La intercesión de la iglesia abrió la puerta de la prisión para Pedro. Un ángel lo despertó, lo desencadenó, lo vistió, lo acompañó pasando por los guardias, abrió la puerta de la prisión, lo ayudó a caminar hacia la libertad y lo salvó de la muerte.

¡A esto es lo que yo llamo liberación! La intercesión y la liberación van de la mano. Muchas personas están encarceladas como Pedro por un rey malvado: el maligno.

Solo a través de nuestras oraciones serán liberados. Antes de que Pedro fuera encerrado, la Escritura dice que Santiago fue encarcelado por el rey Herodes y decapitado. Es interesante que no se mencione a la iglesia orando por Santiago de la misma manera que lo hicieron por Pedro.

Tal vez la iglesia estaba distraída con sus propias pruebas. Puede ser que el hecho de que estuvieran siendo perseguidos tan duramente los hizo centrarse más en sí mismos. Cualquiera que haya sido la razón, no leemos que ellos estuviesen clamando a Dios por Santiago.

No se puede evitar especular sobre si algo diferente podría haber sucedido si la iglesia hubiera orado por él como oraron por Pedro. Del mismo modo, cuando no intercedemos por aquellos que están espiritualmente en cautiverio, la muerte es lo que les puede esperar.

Este tipo de oración de intercesión que saca a la gente de la prisión espiritual es diferente a las demás. Se necesita intencionalidad y tu mente debe estar preparada para la guerra. Dios nos ha llamado a liberar a las personas de las prisiones espirituales al igual que Pedro fue liberado de la prisión física.

Para que logremos esto, debemos entender qué es la liberación. La iglesia por mucho tiempo ha dejado que el malvado rey, satanás, encarcele a la gente y finalmente darles muerte. ¡Debemos comprometernos en la batalla como lo hizo la iglesia con Pedro!

La Liberación que Hizo Dios por mi Hija Espiritual

Una de mis hijas espirituales infringió la ley cuando era muy joven. Cometió un delito en su lugar de trabajo. Merecía ser condenada a la cárcel, pero la dejaron ir.

Años después de haber cometido ese delito, recibió una carta por correo. Para su incredulidad, la carta era del Tribunal Superior de Pensilvania. La carta decía que tenía que ser juzgada de nuevo por el Departamento de Justicia del Estado de Pensilvania.

La noticia de que iba a ser juzgada de nuevo fue muy dolorosa para ella. Su corazón se desmoronó por completo porque en ese momento, ya había cambiado y hecho una transformación en su vida. Esa noche me llamó y se escuchaba muy triste, así que le pregunté sobre lo que le pasaba.

Me explicó todo lo relacionado con los juicios anteriores y que el caso se había cerrado sin prejuicios, lo que significaba que otros jueces podían decidir volver a juzgar el caso si lo deseaban. Contactamos con un abogado para que representara a mi hija espiritual. El día del juicio, su hermano y yo llegamos al tribunal y nos sentamos a esperar el veredicto.

El fiscal presentó muchas pruebas convincentes con la esperanza de que el juez fallara en contra de mi hija espiritual. Creo que nuestro abogado presentó tantas pruebas como el fiscal y argumentó muy bien el caso. Sin embargo, el juez falló en contra de mi hija espiritual.

La condenaron a cinco años de prisión y a ser deportada al término de la sentencia. Me sentía tan decepcionado que se me saltaron las lágrimas. El abogado me dijo, "Señor, esta es mi tarjeta. Ella puede llamarme desde su celda," y se fue.

Me acuerdo de que dije, "¡Señor! No me dijiste que ella iba a quedarse aquí." Mientras estaba sentado allí, la gente decía que yo no entendía cómo funcionaba el sistema de justicia en Estados Unidos, todo porque no quería creer que ella tuviera que quedarse en la cárcel. Salí de la sala, me senté y comencé a interceder por ella.

Le dije a Dios, "No me iré de aquí sin mi hija espiritual." No podía levantar la voz porque algunas de las salas del tribunal aún estaban en sesión. Me senté en el vestíbulo intercediendo durante dos horas seguidas.

En un momento dado, alguien me dijo que debía abandonar el lugar porque el juicio había terminado. De repente, a las 3 de la tarde salió un funcionario del tribunal y me preguntó "Pastor Ansy, ¿Es usted el pastor de la señora que fue encarcelada?"

"Sí", Respondí.

El funcionario continuó, "Esta es la primera vez en la historia del sistema de justicia de los Estados Unidos de América que un juez toma una decisión de este tipo en contra de una sentencia. La chica está siendo liberada de la custodia y se irá a casa con usted."

¡Me quedé impactado! no sabía cómo agradecer a Dios por haber escuchado y respondido a mi intercesión. Esto me recordó cuando Pedro fue liberado y la joven que se acercó a la puerta cuando Pedro estaba llamando, vio que era Pedro y se alegró tanto de verlo, que se olvidó de abrirle la puerta (Hechos 12:13). Me quedé sin palabras ante la grandeza de mi Dios, que puede, incluso, ¡sacar a los prisioneros de la cárcel!

CAPÍTULO 6 PREGUNTAS

1. En respuesta al encarcelamiento de Pedro, ¿cómo oró la iglesia? ¿Qué pasó como resultado?

2. Según el autor, ¿qué se necesita para hacer oraciones que saquen a las personas de la prisión espiritual?

3. En respuesta a su intercesión, ¿qué vio el autor que le sucedía a su hija espiritual?

CAPÍTULO 7

Intercesión por Aquellos que te han Dañado

Mi padre y yo nunca tuvimos una buena relación. Él me rechazó en el momento en que mi madre se quedó embarazada. No quería que yo naciera, así que intentó forzarla para que me abortara.

El intento de aborto fracasó, así que mi madre decidió quedarse conmigo. Mi padre no se alegró con la decisión, así que la agredió y la obligó a marcharse. Cuando se fue de Haití a los Estados Unidos, no pudo llevarme con ella, así que tuve que quedarme con mi padre.

De jovencito, nunca me reconoció como su hijo. Me insultaba llamándome "animal", nunca me decía "hijo" y no quería que lo llamara "papá". Eso llenó mi vida de mucha confusión y el dolor causado sobre esta situación me hizo sentir como si mi corazón estuviera sangrando.

Crecer con este tipo de dolor en mi corazón hizo que tomara malas decisiones en mi vida. Pero cuando entregué mi vida a Cristo, viajé a Estados Unidos para reunirme con mi madre antes de ir a Boston a ver a mi padre.

Empecé a interceder por él incluso cuando mi corazón me dolía todavía por el abuso que había recibido de su parte. Sabía que había falta de perdón en mi corazón, así que oré para que Dios me ayudara a perdonarlo. Dios, que repara a los quebrantados de corazón (Lucas 4:18), reparó mi corazón roto cuando intercedí por mi padre y me dio fuerzas para perdonarlo.

Fui a Boston y le di un abrazo a mi padre y pasé un tiempo con él. A través del poder del Espíritu Santo le mostré amor a pesar de cómo me había tratado. Como resultado, entregó su vida a Cristo la misma semana en que iba a morir.

Antes de que falleciera, pudimos reconciliarnos y crear una relación muy buena. Mi padre, que no me habló más que maldades mientras crecía, fue el primero en llamarme Pastor.

¡Doy gracias a Dios por el poder de la intercesión! ¿Y si hubiera decidido no interceder por él? ¿Y si hubiera permitido que la venganza me guiara en lugar del amor? ¡Mi papá nunca hubiera venido a Jesús! A través de la intercesión, mi corazón cambió y Dios actuó. ¡Vendrá el día en que veré a mi papá en el cielo!

Hermanos y hermanas, nosotros, los creyentes, no debemos morir con rencores. La Biblia dice: "Pero, si no perdonan a otros sus ofensas, tampoco su Padre les perdonará a ustedes las suyas". (Mateo 6:15).

Debemos soltar a aquellos que nos han hecho daño. Uno no puede interceder plenamente por los demás si se niega a liberarse de las ofensas. ¡Imagina lo que hubiera pasado si Abraham hubiera elegido sentirse ofendido por su sobrino Lot por haberlo dejado! Este incluso, tomó los pastos más verdes cuando se fue. Pero Abraham no permitió que la ofensa le impidiera amar a su sobrino Lot, e incluso fue a la guerra por él (Génesis 13:5-13).

¿Irías a la guerra por alguien que te abandonó? ¿O dirías que se merecían la calamidad por la forma en que te trataron? Además, después de ir a la guerra en su favor, Abraham no espero nada a cambio de Lot.

Él no dijo: "Lot, me debes porque te liberé". Cuando intercedes y vas a la guerra por alguien como Abraham fue a la guerra por Lot ¡no lo haces por una recompensa, sino para liberar a la persona!

CAPÍTULO 7 PREGUNTAS

1. ¿Qué sucedió como resultado de la intercesión del autor por su padre?

2. No debemos morir con _____.

3. Según el autor, no podemos interceder plenamente por alguien si cargamos con una ofensa. ¿Por qué crees que esto es así?

4. Piensa en alguien que te haya hecho algo ofensivo recientemente. ¿Cuál ha sido tu respuesta a esa persona? ¿Intercediste por él o ella? Si no es así, tómate unos minutos para liberarles e interceder por ellos.

CAPÍTULO 8

Porqué Algunas Oraciones No Son Respondidas

¿No te has preguntado alguna vez por qué ciertas oraciones tuyas de intercesión no han sido respondidas? Algunas personas se niegan a orar porque quizás oraron por algo o alguien en el pasado y no hubo respuesta. A lo mejor, en su interior, creen que Dios no ha contestado a sus oraciones.

Veamos aquí las posibles y diferentes razones por las que quizá Dios no conteste a las oraciones de alguien. El profeta Samuel fue un intercesor asombroso, pero no todo lo que pidió en oración fue respondido de la manera en la que pensó que iba a ser respondido.

Después de que el rey Saúl desobedeció a Dios, Dios lo rechazó como rey. Samuel, siendo el intercesor que era, hizo duelo por Saúl. El Señor se dirigió a él y le dijo:

> "¿Cuánto tiempo vas a quedarte llorando por Saúl, si ya lo he rechazado como rey de Israel? Mejor llena de aceite tu cuerno, y ponte en camino. Voy a enviarte a Belén, a la casa de Isaí, pues he

escogido como rey a uno de sus hijos. (1 Samuel 16:1).

¿Le dijo Dios a Samuel que dejara de interceder por el alma de Saúl? No. La respuesta de Dios tenía que ver con Saúl como rey de Israel.

Dios no rechazó a Saúl como persona, Saúl rechazó a Dios como rey sobre su vida, por lo que Dios rechazó el reinado de Saúl. Con la intercesión no se trata de poner a las personas en la posición correcta, sino de que los corazones de las personas se posicionen en el lugar correcto. La Biblia dice,

> "¿De dónde surgen las guerras y los conflictos entre ustedes? ¿No es precisamente de las pasiones que luchan dentro de ustedes mismos? Desean algo y no lo consiguen. Matan y sienten envidia, y no pueden obtener lo que quieren. Riñen y se hacen la guerra. No tienen, porque no piden. Y, cuando piden, no reciben porque piden con malas intenciones, para satisfacer sus propias pasiones". (Santiago 4:1-3).

Una vez más, los motivos de una persona importan. El *por qué* estás orando es más importante que el *cómo* estás orando.

Con esto en mente, hay algunas razones por las que las oraciones de una persona puedan no ser respondidas. En primer lugar, Santiago dice que no tenemos, porque no pedimos. Algunas personas nunca piden, por lo que nunca reciben.

Seguidamente, Santiago habla de los malos deseos. Esto no solo cubre los deseos pecaminosos, sino los deseos aparentemente buenos que pueden no estar en armonía con la voluntad de Dios. Esto se puede ver, por ejemplo, cuando Samuel oró para que Saúl fuera restaurado como rey.

Otra razón por la que las oraciones de una persona pueden no ser respondidas es porque no están en comunión con su cónyuge. Pedro dice,

> "De igual manera, ustedes esposos, sean comprensivos en su vida conyugal, tratando cada uno a su esposa con respeto, ya que como mujer es más delicada, y ambos son herederos del grato don de la vida. Así nada estorbará las oraciones de ustedes. (1 Pedro 3:7).

Por consiguiente, si hay desunión en el matrimonio, sus oraciones pueden no ser contestadas. Además, incluso sus hijos pueden experimentar la falta de piedad debido a la desunión en el matrimonio. En el libro de Malaquías, Dios dice esto sobre el matrimonio:

> "Otra cosa que ustedes hacen es inundar de lágrimas el altar del SEÑOR; lloran y se lamentan porque él ya no presta atención a sus ofrendas ni las acepta de sus

manos con agrado. Y todavía preguntan por qué. Pues porque el SEÑOR actúa como testigo entre tú y la esposa de tu juventud, a la que traicionaste, aunque es tu compañera, la esposa de tu pacto. ¿Acaso no hizo el SEÑOR un solo ser, que es cuerpo y espíritu? Y ¿por qué es uno solo? Porque busca descendencia dada por Dios. Así que cuídense ustedes en su propio espíritu, y no traicionen a la esposa de su juventud. «Yo aborrezco el divorcio —dice el SEÑOR, Dios de Israel—, y al que cubre de violencia sus vestiduras», dice el SEÑOR Todopoderoso Así que cuídense en su espíritu, y no sean traicioneros". (Malaquías 2:13-16).

Dios deja muy claro que lo que desea para el matrimonio es la unidad (ser uno). Dios dice que a través de la unidad en el matrimonio nace una descendencia piadosa. Sin la unidad, podemos suplicar llorando hasta cansarnos y aun así algunas oraciones que hagamos pueden no ser respondidas.

Esto es algo que Samuel pudo haber descuidado y, en parte, este descuido dio a luz a un deseo mundano entre el pueblo que dirigía. Los hijos de Samuel eran malvados y el pueblo temía que se hicieran cargo después de la muerte de Samuel.

"Cuando Samuel entró en años, puso a sus hijos como gobernadores de Israel, con sede en Berseba. El hijo mayor se llamaba Joel, y el segundo, Abías. Pero ninguno de los dos siguió el ejemplo de su padre, sino que ambos se dejaron guiar por la avaricia, aceptando sobornos y pervirtiendo la justicia. Por eso se reunieron los ancianos de Israel y fueron a Ramá para hablar con Samuel. Le dijeron: «Tú has envejecido ya, y tus hijos no siguen tu ejemplo. Mejor danos un rey que nos gobierne, como lo tienen todas las naciones»". (1 Samuel 8:1-5).

Nuestro primer ministerio debe ser para con nuestra familia. Si no somos diligentes en esto, todo el trabajo que hacemos puede perecer con nosotros. ¿Están descuidando a sus esposas? ¿Están descuidando a sus hijos? Si es así, ¡arrepiéntanse hoy!

El primer lugar donde una persona debe ser un intercesor es en su casa. Primero supliquen por su matrimonio. Primero oren con su propia familia. Si ellos conocen al Señor o están dispuestos a conocerlo, oren con ellos.

Otra cosa que puede detener las oraciones de una persona es el chisme. A veces, las reuniones de intercesión se convierten en sesiones de cotilleo. No debes bendecir y maldecir con la misma boca (Santiago 3).

Los chismes tienen su origen en la ambición egoísta y los celos. La Biblia dice que los celos y el egoísmo no son el tipo de sabiduría de Dios. Estas cosas son "… terrenales, puramente humanas y diabólicas. Porque donde hay envidias y rivalidades, también hay confusión y toda clase de acciones malvadas". (Santiago 3:15-16). No se puede interceder con un corazón así.

También, la oración de intercesión de una persona puede verse obstaculizada por un espíritu de criticismo. En el Antiguo Testamento se cuenta que el rey David bailaba con todas sus fuerzas al entrar en la presencia de Dios. Mientras bailaba, su esposa lo criticó y lo despreció en su corazón (2 Samuel 6:12-16).

Cuando David llegó a casa, su esposa Mical le reprochó: "¡Qué distinguido se ha visto hoy el rey de Israel, desnudándose como un cualquiera en presencia de las esclavas de sus oficiales!" (2 Samuel 6:20). David le respondió, diciendo: "y me rebajaré más todavía, hasta humillarme completamente. Sin embargo, esas mismas esclavas de quienes hablas me rendirán honores". (2 Samuel 6:22). A David le preocupaba más que Dios recibiera la gloria que lo que los hombres pensaran de él, incluso si eso significaba aparecer como un tonto.

El último verso de este capítulo es uno que no debemos olvidar. El versículo dice que: "Y Mical hija de Saúl murió sin haber tenido hijos". (2 Samuel 6:23). El espíritu de criticismo puede hacer que te vuelvas estéril.

Esto significa que cuando eliges criticar a los demás en lugar de alentarlos, notarás que algunas cosas se bloquean en tu vida. Los sueños que puedas haber tenido no se harán realidad, perder oportunidades se convertirá en algo habitual, las puertas que podrían haberse abierto permanecerán cerradas y tu intercesión no será efectiva. Nada nace de donde hay un espíritu de criticismo.

Por último, lo que también puede obstaculizar la intercesión es no conocer verdaderamente al Señor. "El SEÑOR se mantiene lejos de los impíos, pero escucha las oraciones de los justos" (Proverbios 15:29). Cuando alguien no conoce al Señor, no puede esperar que todas sus oraciones sean contestadas.

CAPÍTULO 8 PREGUNTAS

1. La intercesión no consiste en poner a la gente en la posición correcta, sino en que el corazón de la gente esté _____ en el lugar correcto.

2. El _____ estás orando importa más que el _____ estás orando.

3. Según el libro de Santiago, podemos tener _____ deseos que no están en armonía con la _____ _____ _____ _____.

4. Nuestro ministerio debe ser primero ¿hacia quién? ¿Cuál es el primer lugar en el que debes ser intercesor?

5. Según el autor, ¿qué puede suceder en tu vida si eliges operar con un espíritu de criticismo?

CAPÍTULO 9

Intercesores Bíblicos: Abraham

Ahora que hemos visto qué es la intercesión, echemos un vistazo a las personas en la Biblia a quienes Dios moldeó como intercesores y aprendamos de sus vidas.

A veces vienen tiempos de destrucción porque nadie está intercediendo. En Génesis 18, leemos una historia sobre Abraham negociando con Dios por Sodoma y Gomorra con la esperanza de salvar a su sobrino Lot. Abraham le rogó a Dios que salvara la ciudad si podía encontrar allí por lo menos diez personas justas.

Este pasaje muestra la importancia de un intercesor para el mundo. Abraham se paró en la brecha, y sin sus oraciones, ¿quién sabe si Lot y su familia se hubieran salvado? Cuando Lot se demoró en salir de Sodoma y Gomorra, leemos:

"así que al amanecer los ángeles insistieron con Lot. Exclamaron: —¡Apúrate! Llévate a tu esposa y a tus dos hijas que están aquí, para que no perezcan cuando la ciudad sea castigada. Como Lot titubeaba, los hombres lo tomaron de la mano, lo mismo que a su esposa y a sus dos hijas, y los sacaron de la ciudad, porque el SEÑOR les tuvo compasión. (Genesis 19:15-16).

¡Esta es la única vez en las Escrituras que un ángel agarra físicamente a las personas de la mano y las lleva a un lugar seguro! La intercesión de una persona puede anular la voluntad de otra persona. Dios no desea obligar al hombre a hacer nada, pero la fuerza detrás de la intercesión puede lograr muchas cosas. Durante la intercesión, la misericordia de Dios protege a muchos de su ira.

Aunque Abraham le preguntó a Dios si Él apaciguaría su ira si pudiera encontrar solo a diez personas justas, la Biblia claramente dice que Dios perdonaría a toda una ciudad por el bien de una persona. "Busqué entre ellos un hombre que levantara el muro y que se pusiera en la brecha delante de mí, intercediendo por la tierra para que yo no la destruyera; pero no lo hallé" (Ezequiel 22:30 RVA-2015). También en Jeremías leemos que, si Dios encontrara a una persona que buscara la verdad, perdonaría a toda la ciudad.

"Recorran las calles de Jerusalén; miren, pues, y sepan. Busquen en sus plazas a ver si hallan un solo hombre, a ver si hay alguno que practique el derecho y que busque la fidelidad; y yo la perdonaré". (Jeremías 5:1).

¡Abraham pudo haber pedido a Dios que salvara a Sodoma y Gomorra por el bien de una sola persona justa! Dios no quiere destruir a la gente; Él no se regocija en hacernos daño (Lamentaciones 3:33). Pedro afirma, "El Señor no tarda en cumplir su promesa, según entienden algunos la tardanza. Más bien, él tiene paciencia con ustedes, porque no quiere que nadie perezca, sino que todos se arrepientan". (2 Pedro 3:9).

¿Sabes qué más tiene de interesante esta historia? Dios iba a perdonar a Sodoma y Gomorra si elegían ser hospitalarios y no actuar despreciablemente con los ángeles, Lot y su familia. Porque Dios le dijo a Abraham: "Por eso bajaré, a ver si realmente sus acciones son tan malas como el clamor contra ellas me lo indica; y, si no, he de saberlo". (Génesis 18:21).

Dios no bajaba con la intención de hacer daño a Sodoma y Gomorra, pero con la esperanza de que el clamor no fuera cierto, los estaba probando por última vez[8]. Lot, siendo el hombre justo que era, mostró hospitalidad a los ángeles sin saber que eran ángeles. Si la gente de la ciudad los hubiera dejado en paz, creo que la ciudad no habría sido juzgada (Génesis 19:3-13).

El deseo del corazón de Dios es que todos se arrepientan y que ninguno perezca. Ya hemos establecido que en el corazón de Dios la misericordia triunfa sobre el juicio, e interceder es entender esto y extender esta misericordia hacia los demás.

Si Dios está tan lleno de misericordia, ¿por qué debemos interceder? Debemos interceder porque el dominio sobre la tierra le fue dado a la humanidad según las palabras de Dios (Génesis 1:28). Por lo tanto, Dios no va a quebrantar su palabra haciendo algo sin que nosotros se lo permitamos. Incluso la justicia de Dios sucede a favor de las súplicas de los inocentes.

¿Sabías que Lot también negoció por una ciudad y Dios perdonó a toda la ciudad? Los ángeles querían que Lot huyera a las montañas porque iban a destruir incluso las ciudades cercanas a Sodoma y Gomorra. Sin embargo, Lot les suplicó a los ángeles y la ciudad se salvó.

—¡No, señor mío, por favor! —respondió Lot—. Tú has visto con buenos ojos a este siervo tuyo, y tu lealtad ha sido grande al salvarme la vida. Pero yo no puedo escaparme a las montañas, no sea que la destrucción me alcance y pierda yo la vida. Cerca de aquí hay una ciudad pequeña, en la que podría refugiarme. ¿Por qué no dejan que me escape hacia allá? Es una ciudad muy pequeña, y en ella me pondré a salvo. —Está bien —le respondió—; también esta petición te la concederé. No destruiré la ciudad de que hablas. Pero date prisa y huye de una vez, porque no puedo hacer nada hasta que llegues allí. Por eso aquella ciudad recibió el nombre de Zoar. Lot llegó a Zoar cuando estaba amaneciendo. Entonces el SEÑOR hizo que cayera del cielo una lluvia de fuego y azufre sobre Sodoma y Gomorra. (Genesis 19:18-23).

Claramente los ángeles iban a destruir esta ciudad también, pero debido a que Lot les rogó, la salvaron. Si Dios está dispuesto a perdonar un lugar pequeño e insignificante como Zoar, que anteriormente se llamaba Bela (que significa "destrucción"), ¿piensas que ya no hay esperanza para tu pueblo o tu ciudad?[9]

Capítulo 9 PREGUNTAS

1. En este capítulo, leemos acerca de cómo Dios perdonaría a toda una ciudad a causa de una sola persona justa. ¿Qué revela esto acerca del corazón de Dios?

2. Dios no quiere _____ a las personas; Él no se regocija en _____ .

3. El deseo del corazón de Dios es que todos _____.

4. ¿Por qué debemos interceder si Dios es misericordioso?

CAPÍTULO 10

Intercesores Bíblicos: Moisés

Otro gran intercesor en el Antiguo Testamento fue Moisés. En los Salmos, David escribió:

"En Horeb hicieron un becerro; se postraron ante un ídolo de fundición. Cambiaron al que era su motivo de orgullo por la imagen de un toro que come hierba. Se olvidaron del Dios que los salvó y que había hecho grandes cosas en Egipto: milagros en la tierra de Cam y portentos junto al Mar Rojo. Dios amenazó con destruirlos, pero no lo hizo por Moisés, su escogido, que se puso ante él en la brecha e impidió que su ira los destruyera". (Salmo 106:19-23).

Según David, si Moisés no se hubiera puesto en la brecha (espacio entre Dios y el pueblo), la ira de Dios habría destruido a los hijos de Israel por su idolatría. Dios le dijo a Moisés: "Tú no te metas. Yo voy a descargar mi ira sobre ellos, y los voy a destruir. Pero de ti haré una gran nación»" (Éxodo 32:10). ¡Qué oferta!

Muchos de nosotros hoy en día habríamos dicho: "De acuerdo, Dios", y habríamos ayudado a Dios a pulsar el botón de reinicio. Dios estaba listo para hacer una gran nación de

Moisés lo único que tenía que hacer era estar de acuerdo con Dios para destruirlos.

Sin embargo, Moisés no se centraba en lo grande que él iba a ser, sino en lo que iba a pasar con el gran nombre de Dios.

> "Moisés intentó apaciguar al SEÑOR su Dios, y le suplicó: —SEÑOR, ¿por qué ha de encenderse tu ira contra este pueblo tuyo, que sacaste de Egipto con gran poder y con mano poderosa? ¿Por qué dar pie a que los egipcios digan que nos sacaste de su país con la intención de matarnos en las montañas y borrarnos de la faz de la tierra? ¡Calma ya tu enojo! ¡Aplácate y no traigas sobre tu pueblo esa desgracia! Acuérdate de tus siervos Abraham, Isaac e Israel. Tú mismo les juraste qué harías a sus descendientes tan numerosos como las estrellas del cielo; ¡tú les prometiste que a sus descendientes les darías toda esta tierra como su herencia eterna! Entonces el SEÑOR se calmó y desistió de hacerle a su pueblo el daño que le había sentenciado". (Éxodo 32:11-14).

Observemos cómo Moisés respondió a Dios cuando éste le dijo que lo iba a convertir en una gran nación y destruir a los hijos de Israel. Moisés suplicó a Dios que tuviera misericordia por el honor de Su nombre. Moisés creía que, si Dios destruía a los hijos de Israel, los egipcios pensarían mal de Dios.

El honor de Dios, por lo tanto, fue la razón por la que Moisés intercedió. A Moisés le importaba más que el nombre de Dios fuera glorificado que el hecho de que la gente viviera o no con rectitud. Moisés le recuerda a Dios las promesas hechas a Abraham, Isaac y Jacob.

Moisés retoma las mismas palabras que Dios había declarado a los patriarcas. Porque Dios dijo a los antepasados de Israel: "...Yo multiplicaré su descendencia como las estrellas del cielo, y daré a su descendencia toda esta tierra de la cual he hablado. Y ellos la tomarán como posesión para siempre". (Éxodo 32:13 RVA-2015). Igualmente, nosotros también debemos interceder, no sólo porque es nuestro deber, sino porque Jesucristo murió por el mundo.

¿Qué diría la gente de nuestro Señor si Él destruyera la tierra en la que vivimos? ¿Cómo vería la gente la cruz en la que fue asesinado? ¡Oh, Señor, por el honor de tu nombre, compadécete y ten piedad de nuestras naciones!

Hay tres cosas importantes que debemos aprender de la manera de interceder de Moisés. La primera es que tu motivación importa. Si Moisés hubiera orado para recibir una recompensa, entonces le habría dicho a Dios, simplemente, que destruyera a los hijos de Israel. Cuando intercedemos, debemos de estar motivados por el amor a Dios y al pueblo.

En segundo lugar, la misericordia de Dios revela al mundo su amor. Moisés creía que, si Dios destruía a los hijos de Israel, la gente pensaría que Dios tenía malas intenciones. Moisés no quería que la gente pensara así de Dios. ¿Te parece bien que la gente piense así de Dios hoy en día?

Por último, Moisés utilizó las propias palabras de Dios. Le recordó a Dios sus promesas (Éxodo 32:13). No hay mayor herramienta cuando se trata de interceder que presentarle a Dios sus propias palabras.

CAPÍTULO 10 PREGUNTAS

1. Si Moisés no hubiera intercedido, Dios habría destruido la nación de Israel. ¿Por qué?

2. ¿Qué le preocupaba a Moisés que sucediera si Dios destruía a Israel?

3. ¿Ha habido alguna vez en la que hayas intercedido con motivos equivocados? Explica.

4. Según el autor, ¿qué revela la misericordia de Dios al mundo?

5. Moisés no quería creer que Dios tuviera malas intenciones hacia la humanidad. ¿Has pensado alguna vez en cómo la imagen que transmites de Dios influencia la forma en que la gente que te rodea lo percibe? Explícalo.

CAPÍTULO 11

Intercesores Bíblicos: Samuel

El siguiente gran intercesor del Antiguo Testamento del que podemos aprender es el profeta Samuel. Samuel, cuyo nombre significa "Dios escucha", fue, él mismo, una oración respondida. La madre de Samuel, Ana, era estéril y le suplicó a Dios que le diera un hijo.

Le dijo a Dios que, si le concedía su petición de tener un hijo, se lo entregaría al Señor para que le sirviera toda su vida. Dios escuchó sus oraciones y le dio un hijo al que llamó Samuel. Después de que Samuel naciera, Ana lo amamantó y luego lo llevó a la casa de Dios y lo puso al cuidado del sacerdote Elí (1 Samuel 1:10-28).

Samuel permaneció en la casa de Dios, cerca de la presencia de Dios, y estuvo sumiso al hombre de Dios. A su vez, Dios le habló. Si uno quiere suscitar la voz de Dios, debe hacer las tres cosas que hizo Samuel. Son vitales para todo intercesor, y cualquier intercesor que no se adhiera a ellas sólo estará como disparándole al viento. Sus oraciones no causarán ningún daño al reino de las tinieblas porque se niegan a comprometerse con el proceso de Dios.

Dios llamó a Samuel tres veces y Samuel no pudo discernir la voz de Dios porque aún no conocía al Señor, y la Palabra de Dios aún no le había sido revelada (1 Samuel 3:7). No es que nunca leyera la Palabra de Dios, sino que Samuel aún no había recibido la revelación de quién era Dios.

Sin revelación, no hay manifestación y sin manifestación, no hay testimonio. Samuel estaba en la casa de Dios y en la misma presencia de Dios y, sin embargo, todavía no conocía al Señor.

Con Dios, siempre habrá más que adorar; no hay techo para un Dios que se sigue revelando. Por eso, debemos profundizar en Dios. Llega un momento en el que la fe que tienes se convierte en tu propia fe y no en la fe de los que te rodean. Samuel, hasta ese momento, todavía no había conocido a Dios por sí mismo.

Cada vez que Dios llamaba a Samuel, éste pensaba que era Elí. Fue sólo después de la tercera vez que el sacerdote Elí se dio cuenta de que era Dios quien estaba llamando al muchacho. Después de haber comprendido esto, Elí le enseñó a Samuel cómo responder al llamado de Dios.

Aunque Dios llamó a Samuel, Dios no hizo ninguna otra cosa sino solo llamar a Samuel por su nombre hasta que éste respondió. Y Samuel no respondió hasta que la persona a la que él estaba sometido le enseñó como hacerlo. *Dios puede llamarnos, pero es nuestro trabajo el responder.*

Nuestra respuesta es más fácil cuando estamos en la casa de Dios, en la presencia de Dios, y sometiéndonos al hombre o mujer de Dios. Samuel no se sometió, necesariamente, a un hombre perfecto, ya que Dios le dijo a Samuel esto sobre Elí:

> "Y el SEÑOR dijo a Samuel: —He aquí, yo voy a hacer algo en Israel, que a quien lo escuche le retiñirán ambos oídos. Aquel día cumpliré contra Elí, de principio a fin, todas las cosas que he hablado contra su casa. Yo le he declarado que juzgaré a su casa para siempre, por la iniquidad que él conoce; porque sus hijos han blasfemado contra Dios, y él no les ha reprochado. Por tanto, he jurado a la casa de Elí que la iniquidad de su casa jamás será expiada ni con sacrificios ni con ofrendas". (1 Samuel 3:11-14-RVA2015).

Hay que darse cuenta de que, aunque Dios no dijo nada bueno sobre Elí, Samuel nunca se fue de su lado. Sin embargo, esto no significa que debamos quedarnos y soportar el abuso, ya que eso no es lo que Dios nos ha llamado a hacer: incluso David huyó de Saúl. No obstante, creo que hay veces que la gente se va de las iglesias antes de que Dios quiera que lo hagan.

La obediencia de Samuel lo llevó a crecer, y el Señor estaba con él. La Biblia dice:

> "Samuel crecía, y el SEÑOR estaba con él y no dejaba sin cumplir ninguna de sus palabras. Todo Israel, desde Dan hasta Beerseba, sabía que Samuel estaba acreditado como profeta del SEÑOR. El SEÑOR volvió a manifestarse en Silo, pues era en Silo donde el SEÑOR se revelaba a Samuel mediante la palabra del SEÑOR." (1 Samuel 3:19-21-RVA -2015)

¡Dios no dejó que ninguna de las palabras de Samuel fuese pronunciada en vano! Esto significa que cuando intercedía o declaraba la palabra de Dios, tenía el respaldo total de Dios. La palabra "Silo" prefigura al Mesías. Jacob afirmó que: "El cetro no será quitado de Judá ni la vara de autoridad de entre sus pies, hasta que venga Silo y le obedecerán los pueblos". (Génesis 49:10 RVA-2015).

La aparición del Señor a Samuel en Silo podría significar, también para nosotros hoy, que es en la presencia de Jesús donde nos encontramos con Dios. Por último, Dios se mostró a Samuel a través de su Palabra. Todos los intercesores deben conocer la Palabra de Dios para discernir el deseo del corazón de Dios.

Samuel no se convirtió en un intercesor de un día para otro, sino que tuvo un proceso de crecimiento. En la parte que sigue, hablaremos de Samuel el intercesor. Cuando hablemos de su corazón intercesor, recordemos que su intercesión se basó en: permanecer en la casa de Dios (en comunión con los creyentes), cerca de la presencia de Dios (1 Samuel 3:3) y sumiso al hombre de Dios bajo el que él estaba.

Samuel el Intercesor

Tras la muerte de Elí, Samuel asumió el cargo de juez definitivo de Israel. Él buscó a Dios intensamente y esto impactó a la nación de Israel como un todo. Anterior a esto, el juicio de Dios vino sobre todo Israel.

El juicio de Israel tuvo lugar debido a la desobediencia de los hijos de Elí y a la desgana de éste a disciplinarlos. Dios había llamado a la familia de Elí para que se pusiera en la brecha por la nación, pero en lugar de ello, decidieron descuidar su deber como intercesores. Esto resultó en una muerte espiritual que se manifestó con consecuencias en la naturaleza humana. Como resultado, Elí y sus hijos murieron junto con muchos otros en la tierra de Israel.

Tras la muerte de Elí, ocurrió algo más que describió proféticamente la situación.

"Su nuera, la esposa de Finés, estaba embarazada y próxima a dar a luz. Cuando supo que el arca de Dios había sido capturada, y que tanto su suegro como su esposo habían muerto, le vinieron los dolores de parto y tuvo un alumbramiento muy difícil. Al verla agonizante, las parteras que la atendían le dijeron: «Anímate, que has dado a luz un niño». Ella no respondió; ni siquiera les hizo caso. Pero, por causa de la captura del arca de Dios, y por la muerte de su suegro y de su esposo, le puso al niño el nombre de Icabod, para indicar que la gloria de Israel había sido desterrada. Exclamó: «¡Se han llevado la gloria de Israel! ¡El arca de Dios ha sido capturada!»". (1 Samuel 4:19-22).

La negligencia de Elí hizo que la gloria de Dios se alejara. Después de que Dios permitió que el Arca de la Alianza fuera capturada por los filisteos, nadie en Israel intentó ir a rescatarla del enemigo. Dios mismo, lleno de misericordia, hizo la guerra contra los filisteos, quebró a su ídolo Dagón y afligió al pueblo filisteo (1 Samuel 5).

Dios seguía luchando contra los enemigos de Israel incluso después de que lo abandonaran. Finalmente, los filisteos no pudieron soportar más la aflicción que les impuso Dios porque robaron el Arca de la Alianza, así que colocaron el Arca de la Alianza en una carreta, e hicieron que la carreta fuera tirada por dos vacas (1 Samuel 6:7-8). Dijeron:

> ˮY obsérvenla. Si se va en dirección de Bet-Semes, su propio territorio, eso quiere decir que el SEÑOR es quien nos ha causado esta calamidad tan terrible. Pero, si la carreta se desvía para otro lugar, sabremos que no fue él quien nos hizo daño, sino que todo ha sido por casualidad»ˮ. (1 Samuel 6:9).

Las vacas llevaron la carreta con el Arca de la Alianza hasta Bet-Semes. Nadie condujo la presencia de Dios de vuelta a Israel, y ningún israelita fue a rescatar el Arca de la Alianza, y sin embargo Dios siguió luchando contra los enemigos de Israel y persiguiendo a Israel, aunque le hubieran dado la espalda. ¡Dios siempre insiste en buscarnos!

Este es un gran ejemplo de la bondad de Dios. Siendo aún pecadores, Cristo murió por nosotros (Romanos 5:8). Sin embargo, su bondad está orientada a conducirnos al arrepentimiento (Romanos 2:4).

Samuel llamó a toda la nación al arrepentimiento. Como intercesores, nosotros también debemos tratar de llamar a nuestra ciudad, nación y mundo al arrepentimiento. La llamada al arrepentimiento del pueblo debe ser impulsada por la comprensión de que Dios busca al mundo con insistencia como procuró con los israelitas.

"Los de Quiriat Yearín fueron a Bet Semes y se llevaron el arca del SEÑOR a la casa de Abinadab, que estaba en una loma. Luego consagraron a su hijo Eleazar para que estuviera a cargo de ella. El arca permaneció en Quiriat Yearín durante mucho tiempo. Pasaron veinte años, y todo el pueblo de Israel buscaba con ansiedad al SEÑOR. Por eso Samuel le dijo al pueblo: «Si ustedes desean volverse al SEÑOR de todo corazón, deshágause de los dioses extranjeros y de las imágenes de Astarté. Dedíquense totalmente a servir solo al SEÑOR, y él los librará del poder de los filisteos». Así que los israelitas echaron fuera a los ídolos de Baal y a las imágenes de Astarté, y sirvieron solo al SEÑOR. Luego Samuel ordenó: «Reúnan a todo Israel en Mizpa para que yo ruegue al SEÑOR por ustedes». Cuando los israelitas se reunieron en Mizpa, sacaron agua y la derramaron ante el SEÑOR. También ayunaron durante el día, y públicamente confesaron: «Hemos pecado contra el SEÑOR». Fue en Mizpa donde Samuel comenzó a gobernar a los israelitas". (1 Samuel 7:1-6).

En los versículos 5 y 6 de este pasaje, leemos que el pueblo "sacó agua y la derramó ante el Señor". El hecho de sacar agua y derramarla simboliza su búsqueda incondicional hacia Dios. Esta búsqueda de todo corazón también se muestra con el ayuno.

Como intercesores, debemos enseñar a la gente a derramar sus almas a Dios como los hijos de Israel derramaron el agua en la tierra. Como los hijos de Israel ayunaron y confesaron sus pecados a Dios, la iglesia debe buscar a Dios con una desesperación similar. Sólo después de que roguemos así de desesperados veremos la restauración completa en nuestra tierra.

Después de este tiempo de oración intercesora, los enemigos de Israel, los filisteos, les atacaron. Los hijos de Israel estaban aterrorizados y le dijeron a Samuel:

> "«No dejes de clamar al SEÑOR por nosotros, para que nos salve del poder de los filisteos». Samuel tomó entonces un cordero pequeño y lo ofreció en holocausto al SEÑOR. Luego clamó al SEÑOR en favor de Israel, y el SEÑOR le respondió". (1 Samuel 7:8-9).

Los israelitas pasaron de perder siempre en las batallas a salir victoriosos sobre sus enemigos porque Dios había establecido un intercesor en la tierra. Samuel se puso en la brecha por los hijos de Israel y Dios luchó en su favor.

> "Mientras Samuel ofrecía el sacrificio, los filisteos avanzaron para atacar a Israel. Pero aquel día

el SEÑOR lanzó grandes truenos contra los filisteos. Esto creó confusión entre ellos, y cayeron derrotados ante los israelitas". (1 Samuel 7:10).

Este es el poder de la intercesión. Los filisteos no volvieron a invadir el territorio de Israel durante la vida de Samuel. Tras esta victoria, Samuel tomó una piedra y la levantó entre Mizpa y Sen, y le dio el nombre de Ebenezer, que significa el *Señor es nuestra ayuda*.

Mizpa significa "la torre del vigia".[10]Es en el lugar conocido como atalaya (torre de vigía) donde Samuel asume el liderazgo sobre los hijos de Israel. Una atalaya es una torre alta donde un centinela vigila a los enemigos, los incendios forestales, etc.[11] Sin torres de vigilancia, un reino o una ciudad pueden quedar fácilmente vulnerables porque no ven venir al enemigo. Es una de las partes más importantes de un castillo.

Espiritualmente, cuando intercedemos, nos convertimos en vigías de la torre de vigilancia. Elí y sus hijos descuidaron la atalaya y por ello la ciudad fue saqueada. Samuel restableció la atalaya de la intercesión, y por ello, Dios volvió a ser el Ebenezer (el ayudante) de Israel.

Samuel creía tanto en la intercesión que comparaba el no interceder con el pecar. Dijo: "En cuanto a mí, que el SEÑOR me libre de pecar contra él dejando de orar por ustedes. Yo seguiré enseñándoles el camino bueno y recto". (1 Samuel 12:23). Un verdadero intercesor debe tener una visión de la intercesión como la que Samuel tenía.

CAPÍTULO 11 PREGUNTAS

1. ¿Cuáles son las tres cosas que hizo Samuel? ¿Por qué es importante que los intercesores sigan el ejemplo de Samuel?

2. Dios nos llama, pero nuestro trabajo es
   _____.

3. ¿Qué facilita nuestra respuesta a Dios?

4. Muchas personas se apresuran a dejar una iglesia o ministerio porque se sienten heridos o encuentran algo mejor. Enumera dos razones que justifiquen que dejes un ministerio o una iglesia.

5. ¿Qué es lo que debería impulsar a la gente al arrepentimiento?

CAPÍTULO 12

Intercesores Bíblicos: Jesús

Mientras los hijos de Israel continuaban pecando, incluso después de que Dios les había mostrado su paciencia y los había perdonado, Dios le habló a Ezequiel y le dijo que, aunque Noé, Daniel y Job estuvieran allí, "su justicia no salvaría a nadie más que a ellos mismos" (cf. Ezequiel 14:14). Noé, a quien se menciona en primer lugar, fue el primero en lidiar con un mundo que estaba completamente perdido en su caminar pecaminoso.

Cuando Noé tenía de entre 500 a 600 años, Dios le pidió que construyera un arca porque iba a inundar la tierra (Génesis 5:32; 6; 7). En 2 Pedro 2:5, encontramos que Dios protegió a Noé, un predicador de justicia, y a otras siete personas. La justicia y la intercesión de Noé ayudaron a salvar a su familia de la destrucción (Génesis 7:1).

Noé fue un hombre justo que predicó al mundo, y podemos asumir con certeza que fue un intercesor. Su corazón intercesor se puede ver después del diluvio cuando, por su propia voluntad, sacrificó a Dios. Dios nunca le pidió que sacrificara animales puros, Noe lo hizo por su propia iniciativa, lo que significa que ya lo había hecho antes.

> "Luego Noé construyó un altar al SEÑOR, y sobre ese altar ofreció como holocausto animales puros y aves puras. Cuando el SEÑOR percibió el grato aroma, se dijo a sí mismo: «Aunque las intenciones del ser humano son perversas desde su juventud, nunca más volveré a maldecir la tierra por culpa suya. Tampoco volveré a destruir a todos los seres vivientes, como acabo de hacerlo." Mientras la tierra exista, habrá siembra y cosecha, frío y calor, verano e invierno, y días y noches»". (Génesis 8:20-22)

Noé fue un hombre intachable y justo de su generación. Predicó la verdad a los perdidos e intercedió. Pero aun así leemos, en Ezequiel 14, que su justicia sólo lo salvaría a él del juicio de Dios.

Después de Noé, Dios nombra a Daniel. Daniel, en la época de Ezequiel, estaba escribiendo su propio libro. Es un hombre joven, pero sus actos de justicia son conocidos por muchos.

Hay mucho escrito sobre las intercesiones de Daniel. En Daniel 2, sus oraciones de intercesión salvaron a sus amigos y a los sabios de Babilonia. Luego, en el capítulo 9,

Daniel intercede por toda la nación de Israel, recordándole a Dios sus propias palabras, dichas a través del profeta Jeremías:

"Así dice el SEÑOR: «Cuando a Babilonia se le hayan cumplido los setenta años, yo los visitaré; y haré honor a mi promesa en favor de ustedes, y los haré volver a este lugar. Porque yo sé muy bien los planes que tengo para ustedes —afirma el SEÑOR—, planes de bienestar y no de calamidad, a fin de darles un futuro y una esperanza. Entonces ustedes me invocarán, y vendrán a suplicarme, y yo los escucharé. Me buscarán y me encontrarán cuando me busquen de todo corazón. Me dejaré encontrar —afirma el SEÑOR—, y los haré volver del cautiverio. Yo los reuniré de todas las naciones y de todos los lugares a donde los haya dispersado, y los haré volver al lugar del cual los deporté», afirma el SEÑOR". (Jeremiah 29:10-14).

Daniel, siendo el gran intercesor que era, conocía las palabras que Dios pronunció a través del profeta Jeremías. Cuando se cumplieron los 70 años de Babilonia sobre los hijos de Israel, Daniel se arrepintió por los pecados de su pueblo y clamó a Dios por su liberación (Daniel 9). Su intercesión fue escuchada, un ángel se presentó y la liberación de Israel comenzó (Daniel 9:20-21).

Daniel es la verdadera definición de un guerrero de oración. Según las Escrituras, Daniel oraba regularmente tres veces al día (Daniel 6:10-28). Si hubiera alguien que pudiera interceder por los hijos de Israel y hacer que se aplacara la ira de Dios, automáticamente pensaríamos en Daniel. Sin embargo, ni siquiera Daniel pudo salvar a Israel de la inminente condena mencionada por Ezequiel a causa de su pecado nacional.

El último en la lista fue el justo llamado Job, cuya justicia era tal que hasta Dios presumió de ella (Job 1). Job intercedió por toda su familia con regularidad, llegando incluso a sacrificar por ellos en caso de que hubieran pecado (Job 1:5). Gracias a su intercesión, sus amigos que actuaron de forma insensata fueron liberados de las consecuencias de su insensatez (Job 42:8-10).

Pero al igual que los otros dos hombres justos en esta lista, las intercesiones de Job no hubieran sido suficientes para salvar a Israel. El castigo por el pecado es la muerte, y aunque Noé, Daniel y Job eran justos, no estaban libres de pecado. Dado que el hombre está plagado de debilidades, llegó un punto en el que la ira de Dios no pudo ser contenida por simples hombres. Todo esto cambió en el Nuevo Testamento cuando Jesús entró en escena. Jesús era perfecto en todo sentido y fue un sacerdote, no según la orden del hombre, sino según la orden de Melquisedec.

"Abraham, a su vez, le dio la décima parte de todo.
El nombre Melquisedec significa, en primer lugar,

«rey de justicia» y, además, «rey de Salén», esto es, «rey de paz». No tiene padre ni madre ni genealogía; no tiene comienzo ni fin, pero a semejanza del Hijo de Dios, permanece como sacerdote para siempre. (Hebreos 7:2-3).

Melquisedec, por lo tanto, es una vaga imagen en el Antiguo Testamento del Cristo futuro. Muchos eruditos llaman a esto una Cristofanía: una aparición del Cristo pre-encarnado en el Antiguo Testamento.

Jesús vino en el orden de este sacerdote, desprovisto de pecado. "Por eso también puede salvar por completo a los que por medio de él se acercan a Dios, ya que vive siempre para interceder por ellos". (Hebreos 7:25). A diferencia de Noé, Daniel, Job y cualquier otro hombre del Antiguo Testamento, Jesús no necesita arrepentirse de pecado.

Por eso, cuando intercede, es a un nivel superior de intercesión y Él es quien "… puede guardarlos para que no caigan, y establecerlos sin tacha y con gran alegría ante su gloriosa presencia". (Judas 1:24). ¿Qué significado tiene esto para nosotros a día de hoy?

¡Significa que podemos interceder con confianza por lo que Jesús hizo en la cruz!

"Por lo tanto, ya que, en Jesús, el Hijo de Dios, tenemos un gran sumo sacerdote que ha atravesado los cielos, aferrémonos a la fe que profesamos. Porque no tenemos un sumo sacerdote incapaz de compadecerse de nuestras debilidades, sino uno que ha sido tentado en todo de la misma manera que nosotros, aunque sin pecado. Así que acerquémonos confiadamente al trono de la gracia para recibir misericordia y hallar la gracia que nos ayude en el momento que más la necesitemos". (Hebreos 4:14-16).

¡Jesús experimentó nuestro dolor, cargó con nuestros pecados y ascendió al Cielo. ¡Gracias a esto, podemos acudir a Dios con valentía en oración!

¿Qué nos impide orar por nuestra nación? ¿Es el pecado? Entonces confesemos nuestros pecados y Jesús nos limpiará. Porque la Biblia dice: "Si confesamos nuestros pecados, Dios, que es fiel y justo, nos los perdonará y nos limpiará de toda maldad". (1 Juan 1:9).

Puedo entender por qué la gente del Antiguo Testamento a veces no podía. Sólo tenían la sangre de los toros y de los machos cabríos, por lo que no podían entrar plenamente en el Lugar Santísimo. Isaías dice: "Todos somos como gente impura; todos nuestros actos de justicia son como trapos de inmundicia. Todos nos marchitamos como hojas; nuestras iniquidades nos arrastran como el viento." (Isaías 64:6). Entre los "todos" de los que habla Isaías están Noé, Daniel y Job.

Aunque eran justos, estos tres hombres estaban limitados en su intercesión porque estaba basada en su propia justicia. Ellos tenían a Dios *con* ellos; ¡nosotros tenemos a Dios *en* nosotros! Su Espíritu intercede a través de nosotros. "Así mismo, en nuestra debilidad el Espíritu acude a ayudarnos. No sabemos qué pedir, pero el Espíritu mismo intercede por nosotros con gemidos que no pueden expresarse con palabras". (Romanos 8:26).

A través de su justicia e intercesión, Noé salvó a las futuras generaciones aquí en la tierra, pero no pudo salvarlas de su condenación eterna. Igualmente, Daniel, a través de su intercesión, ayudó a rescatar a sus amigos, salvó a los sabios de Babilonia, e incluso inició el proceso de restauración de Israel. Sin embargo, su intercesión no pudo atraer la salvación espiritual.

Por último, Job, que era justo e irreprochable, se quedaría corto si se le pidiera que intercediera para que el alma de alguien se salvara. Por muy grandes que fueran estos intercesores, su intercesión estuvo limitada porque no tenían a Cristo viviendo en ellos. Pero desde que tenemos a Cristo viviendo en nosotros y Su Espíritu orando a través de nosotros, los espíritus de las personas pueden ser liberados de la esclavitud del pecado cuando intercedemos por ellos. Incluso podemos sacar a algunas personas de la cárcel (Judas 1:20-23).

Entonces, ¿qué estamos esperando? La Biblia nos dice: "...La ferviente oración del justo, obrando eficazmente, puede mucho". (Santiago 5:16 RVA-2015). Elías, que tenía la misma naturaleza pecaminosa que nosotros, oró fervientemente en el Antiguo Testamento para que no lloviera, y no llovió durante 3 años y 6 meses. Luego oró de nuevo para que lloviera, y sucedió (Santiago 5:17-18).

Elías hizo todo esto bajo un pacto antiguo, antes de que Cristo viniera y muriera en la cruz, y antes de que sus pecados fueran limpiados completamente. Imagina lo que pasaría si nosotros, que estamos en un pacto superior (Hebreos 8:6), ahora que somos la justicia de Dios (2 Corintios 5:21), nosotros que somos llamados hijos de Dios (Juan 1:12-13), empezáramos a creer que lo somos y comenzáramos a orar audaz y apasionadamente como Elías. ¡Cómo cambiaría el mundo!

¡Amigo, hoy estás siendo comisionado para interceder por tu familia, amigos, ciudad, país, nación, mundo! ¡Levántate intercesor! ¡Ora con valentía! ¡Ora efectivamente! ¡Ora!

CAPÍTULO 12 –PREGUNTAS

1. ¿Por qué Noé, Daniel y Job no pudieron salvar a Israel de la inminente ira de Dios?

2. ¿Por qué podemos interceder con confianza si estamos en Cristo?

3. ¿Por qué las personas del Antiguo Testamento estaban limitadas en su oración de intercesión?

4. ¿Estás cometido a llevar un estilo de vida de intercesión? ¿Estás preparado para responder a la llamada de Dios a interceder?

AGRADECIMIENTOS

Me gustaría agradecer a mi hijo espiritual Gloire Ndongala por ayudarme durante el proceso de escritura, a Mariajosé Staley Ramón Ros por editar la versión española. A Bellarmee Milosi por editar la versión francesa. Kelani Daniels por editar todo el libro y por su contribución en uno de los capítulos. Y, finalmente, a Mark Hunter por toda su ayuda.

REFERENCIAS

1. ¿Cuál es el sustantivo de interceder? ("What Is the Noun for Intercede?") *WordHippo*. Accedido el 16 de marzo de 2022. https://www.wordhippo.com/what-is/the-noun-for/intercede.html.

2. Zalani, Rochi. "Average Screen Time: Statistics 2021." *ECM*. Última modificación Noviembre 5, 2021. Accedido el 16 de marzo de 2022. https://elitecontentmarketer.com/screen-time-statistics/.

3. *Strong's Greek: 4336. Προσεύχομαι (PROSEUCHOMAI) -- to Pray*. Accedido el 17 de marzo de 2022. https://biblehub.com/greek/4336.htm.

4. Ibid.

5. La diferencia entre amor y compasión. Hasa ("Difference between Love and Compassion.") *Compare the Difference Between Similar Terms*. Differencebetween.com, April 4, 2019. Last modified

April 4, 2019. Accedido el 17 de marzo de 2022. https://www.differencebetween.com/difference-between-love-and-compassion/.

6. *Strong's Greek: 4697. Σπλαγχνίζομαι (SPLAGCHNIZOMAI) – ser movido desde las entrañas, I.e. sentir compasión.* Accedido el 17 de marzo de 2022. https://biblehub.com/greek/4697.htm.

7. *Strong's Hebrew: 1847. דַּעַת (Daath) – (Conocimiento) Knowledge.* Accedido el 17 de marzo de 2022. https://biblehub.com/hebrew/1847.htm.

8. *Genesis 18:21 Commentarios: (Bajaré ahora, y veré si han hecho todo de acuerdo con su clamor, que me ha llegado; y si no, lo sabré) "I Will Go down Now, and See If They Have Done Entirely According to Its Outcry, Which Has Come to Me; and If Not, I Will Know.".* Accedido el 17 de marzo de 2022. https://biblehub.com/commentaries/genesis/18-21.htm.

9. "Hogar". Estudio Bíblico. ("Home." *Bible Study*.) Accedido el 17 de marzo de 2022. https://www.biblestudy.org/meaning-names/zoar-bela.html.

10. Staff, BibleStudyTools. "Mizpah." *Definition and Meaning - Bible Dictionary*. BibleStudyTools, n.d. Accedido el 17 de marzo de 2022. https://www.biblestudytools.com/dictionary/mizpah/?amp.

11. "Atalaya = Torre del vigía definición y significado": ("Watchtower") Definition and Meaning: Collins English Dictionary." *Watchtower Definition and Meaning | Collins English Dictionary*. HarperCollins Publishers Ltd, n.d. Accedido el 16 de Marzo de 2022. https://www.collinsdictionary.com/us/dictionary/english/watchtower.

www.ingramcontent.com/pod-product-compliance
Lightning Source LLC
Chambersburg PA
CBHW072355090426
42741CB00012B/3048